Wien, 21. September 96

Der Marketingplan für
"Nicht-Marketiers": Hausauf-
gaben bleiben werden.
Schritt für Schritt ...

Liebe Grüße Manfred

Manfred della Schiava

Praktische Entwicklung des Marketingplanes

- **Schritt für Schritt umsetzen**
- **Mit praktischen Fällen**

UEBERREUTER

Die Deutsche Bibliothek – CIP-Einheitsaufnahme

Praktische Entwicklung des Marketingplanes :
Schritt für Schritt umsetzen, Mit praktischen Fällen /
Manfred della Schiava –
Wien : Wirtschaftsverl. Ueberreuter, 1996
ISBN 3-7064-0241-6

S 0246 1 2 3 4 / 99 98 97 96

Umschlag: Kurt Rendl
unter Verwendung eines Bildes der Bildagentur Image Bank

Druck: Ueberreuter Offsetdruck, Korneuburg

Praktische Entwicklung eines Marketingplanes

1. Die Bausteine des Marketingplanes - Der Weg ist das Ziel

Sie finden in diesem Buch eine Anleitung für die Entwicklung Ihres Marketingplanes - Schritt für Schritt. Am Ende dieses Weges halten Sie den Marketingplan für Ihr Unternehmen, für Ihr Produkt in Händen. Trotzdem haben Sie die Gewißheit, daß die einzelnen Abschnitte das heute verfügbare Wissen über Marketing berücksichtigen. Die Praxis ist kompliziert genug. Weshalb sollten Sie sich auch noch mit unzähligen Büchern über Marketingtheorien herumschlagen?

Die Anwendung von Marketingwissen wird in vielen Betrieben oft mit der Anmerkung „bei uns ist das alles ganz anders" weggeschoben. Natürlich hat jedes Unternehmen und jedes Produktfeld seine Besonderheiten, die bei der Erstellung des Marketingplanes zu berücksichtigen sind.

Der Weg ist das Ziel

Allerdings gibt es eine Gemeinsamkeit, die für alle Unternehmen, gleichgültig welcher Branche, Gültigkeit besitzt:

Die systematische Vorgehensweise bei der Entwicklung eines Marketingplanes ist in jedem Unternehmen anwendbar. Der Weg ist das Ziel.

Der erste Schritt

Das Aufzeigen dieses Weges, der letztlich an das Ziel führt, ist das Hauptanliegen dieses Buches für den Praktiker. Wenn bei den einzelnen Entwicklungsschritten das theoretische Fachwissen dabei manchmal zu kurz kommt, nehmen wir das für eine verständliche Darstellung gerne in Kauf. Das ist keine Absage an die Wissenschaft oder an die theoretischen Grundlagen des Marketings. In diesem Fall ist es uns wichtiger, daß Sie als Praktiker einen leichteren Zutritt finden, den ersten Schritt zu setzen.

Die beste Motivation, um ein in der Ferne liegendes Ziel zu erreichen, ist die erfolgreiche Bewältigung der ersten Etappe. Fassen Sie deshalb den ersten Marketingplan als Ihr persönliches Etappenziel auf. Verspüren Sie dann Lust und Interesse, in methodische Marketingsphären einzusteigen, dann stehen Ihnen Bibliotheken, gefüllt mit Marketingtheorien, zur Verfügung.

Die 80:20 Regel

Auch für den Marketingplan sollte die altbewährte 80:20 Regel angewendet werden. Am wenigsten nützt der perfekte Marketingplan, der nie fertig wird, weil immer noch ein paar Ziffern fehlen. Wie heißt das geflügelte richtige Wort in der Praxis:

Nicht nur reden, sondern tun!

Anschließend finden Sie eine kurze Übersicht über die Bausteine, die Sie für die Entwicklung Ihres Marketingplanes benötigen.

Welche Bausteine benötigen Sie für Ihren Marketingplan?

Für die Entwicklung eines Marketingplanes in der Praxis sind zwei Betrachtungsebenen wichtig:

- Strukturbereiche
- Entwicklungsstufen

Welche Strukturbereiche werden verwendet?

Für die Strukturierung sind folgende Bereiche zu betrachten:

- Der Markt
- Die Kunden
- Die Strategie

Markt

Der Markt umfaßt dabei das gesamte Unternehmensumfeld (wirtschaftspolitische Rahmenbedingungen, Umweltfaktoren etc.), den relevanten Markt (Produktbereiche, Zielgruppen, Absatzgebiete etc.) und die Mitbewerber.

Kunden

Der Bereich Kunden beschäftigt sich eingehend mit der Kundenstruktur Ihres Unternehmens. Wie hoch ist die Anzahl der Kunden? Welche Kundentypen gibt es? Ebenso ist die Frage, wie oft und in welcher Form Sie Ihre Kunden kontaktieren, besonders wichtig. Der Kontakt-Mix für Ihr Unternehmen.

Strategie

Betrachtungsgegenstand im Bereich Strategie ist die Positionierung Ihres Unternehmens, die Stellung zum Mitbewerb, Ihre zukünftigen Ziele und Maßnahmen. Wie sind Sie heute im Markt positioniert? Welchen Marktanteil haben Sie?

Die drei Strukturbereiche für die Entwicklung des Marketingplanes sind der Markt, Ihre Kunden und Ihre Unternehmensstrategie

Welche Entwicklungsstufen sind relevant?

Wenn Sie Ihren Marketingplan entwickeln, sollten Sie sich die folgenden Fragen vor Augen führen:

- Wo stehen wir heute? - Status
- Welche Entwicklungen gibt es? - Trends
- Wo wollen wir in Zukunft sein? - Perspektiven

Status - Die Ausgangssituation

Zuerst sollten Sie analysieren und feststellen, wie Ihre heutige Position ist. Welchen Marktanteil haben Sie? - Welche Endverbraucher sprechen Sie mit Ihren Produkten an? - Welche Kunden haben Sie heute? - Welche Stärken und Schwächen haben Sie in Ihrem Unternehmen?

Trends - Welche Entwicklungen gibt es?

Wir leben in einer dynamischen Zeit. In vielen Branchen, zum Beispiel in der Computerindustrie, dauern Lebenszyklen von Produkten oft nur mehr wenige Monate. Ständig sind deshalb die Veränderungen im Markt, bei den Kunden und bei den Mitbewerbern zu überprüfen. Dabei geht es nicht nur um Marktwachstum, sondern auch um Veränderungen im Konsumentenverhalten oder der Servicequalitätsstandards.

Perspektiven - Welche Ziele wollen wir erreichen?

Wo wollen Sie mit Ihrem Unternehmen in drei Jahren sein? - Welchen Marktanteil wollen Sie haben? - Welchen Umsatz wollen Sie mit welchen Produkten erreichen? - Wieviele Kunden wollen Sie in Ihrem Unternehmen haben?

In dieser Stufe legen Sie die Zielsetzungen fest, die Sie mit Ihrem Unternehmen als Zielzustand erreichen wollen. Das betrifft die Vision/Mission des Unternehmens, die strategischen Ziele (Eckpfeiler und Meilensteine) ebenso wie die konkreten Marketing- und Vertriebsziele. Nur wenn diese Ziele klar formuliert sind, können Sie die Maßnahmen für die Personen, die dafür verantwortlich sind, festlegen und zuordnen.

Bei der Entwicklung des Marketingplanes sind die Entwicklungsstufen Status, Trends und Perspektiven erforderlich

Strukturen und Entwicklungsstufen

Die einzelnen Fragen in den jeweiligen Entwicklungsstufen, Status-Trends und Perspektiven, gelten natürlich für alle drei Strukturbereiche, Markt, Kunden und Strategie.

Gemeinsam bilden diese beiden Betrachtungsebenen die Bausteine für die Entwicklung des Marketingplanes in der Praxis.

- Markt: Marktstrukturen, Markttrends und Marktperspektiven
- Kunden: Kundenstruktur, Kundentrends und Kundenzielstruktur
- Strategie: Heutige Positionierung, Unternehmensentwicklung, strategische Zielposition

Die Bausteine des Marketingplanes für die Betrachtungsebenen Strukturen und Entwicklungsstufen

Wenn Sie diese Bausteine systematisch bearbeiten, werden Sie Ihr erstes Etappenziel, die Entwicklung Ihres Marketingplanes, erreichen.

Sie wandern von Strukturen über Trends zu Perspektiven. Sie kommen von

- Daten zu Fakten, von
- Fakten zu Entscheidungen und letztlich zu
- Zielen und Maßnahmen

für Ihr Unternehmen.

Hilfreiche Wegweiser

Auf Ihrem Weg werden Sie einige Symbole begleiten, die Ihnen das Arbeiten mit diesem Buch ein bißchen erleichtern sollen.

Dieses Symbol zeigt Ihnen die wichtigen Fragestellungen für den jeweiligen Baustein oder Abschnitt. Sie kennen die Aussage: Wer die richtigen Fragen stellt, erhält die richtigen Antworten!

Für die Analyse und Entscheidungsfindung benötigen Sie eine Fülle von Informationen. Nach diesem Symbol finden Sie mögliche Datenquellen, die Sie für die Beantwortung der Fragen benötigen.

Mit diesem Wegweiser werden jene Stellen markiert, die Basisinformationen für die Bearbeitung des jeweiligen Abschnittes enthalten. Sie finden darin keine theoretischen Abhandlungen, aber einige Informationen, die die Problemstellung der nächsten Arbeitsschritte erläutern.

Dieses Symbol weist darauf hin, daß ein konkretes Praxisbeispiel behandelt wird. In diesem Bereich erfolgt die Anwendung der Basisinformationen auf ein konkretes Praxisbeispiel.

Von Daten zu Fakten. Wir alle kennen unser Problem: Wir haben nicht zuwenig, sondern zuviel Informationen. Deshalb ist die Aufbereitung der Daten und die Auswahl derjenigen Daten, die für die Entscheidung relevant sind, besonders wesentlich, also entscheidungsrelevante Fakten.

Entscheidung

Die Datensammlung, die Analyse, die Aufbereitung der Daten zu Fakten und die Präsentationen haben bei der Entwicklung eines Marketingplanes keinen Selbstzweck, sondern nur ein Ziel: die Erstellung einer Entscheidungsgrundlage.

Welche Entscheidung wird getroffen, welches Ziel soll damit erreicht werden, wer ist dafür verantwortlich? Entscheidungen sind wesentliche Meilensteine auf dem Weg zur Erstellung des Marketingplanes. Entscheidungen werden deshalb besonders gekennzeichnet.

Ihre Entscheidung

Überlegen Sie sich, ob Sie die Bausteine noch etwas detaillierter studieren wollen, oder ob Sie gleich Schritt für Schritt mit dem Praxisbeispiel im Hauptkapitel zwei beginnen wollen.

1.1. Die Strukturbereiche

Die Strukturbereiche - Markt - Kunden - Strategie - und den Zusammenhang mit den Entwicklungsstufen haben Sie im vorigen Abschnitt kennengelernt.

In diesem Kapitel erhalten Sie einige nähere Informationen über die einzelnen Bausteine für den Marketingplan.

Welche Bereiche sind generell für den Strukturbereich Markt zu klären:

- Marktumfeld
- Relevanter Markt
- Marktpotential
- Marktvolumen
- Marktsegmente
- Erfolgsfaktoren
- Mitbewerber

Welche Bereiche sind generell für Ihre Kunden relevant:

- Kundenklassen
- Kundentypen

- Kundenarten
- Kundenkontakte
- Kundenzufriedenheit

Welche wichtigen Bereiche gibt es für die Strategie:

- Positionierung
- Stärken/Schwächen
- Chancen/Risken
- Strategische Meilensteine
- Produktziele
- Absatzgebietsziele
- Kundenziele
- Kontaktziele
- Maßnahmen

Diese einzelnen Bereiche werden für die Entwicklungsstufen Struktur, Trends und Perspektiven aufbereitet.

Damit liegt auch das Grundgerüst für die Entwicklung des Marketingplanes vor.

1.1.1. Der Markt

Die Bereiche werden im folgenden kurz erläutert. Anmerkungen zu den einzelnen Bereichen finden Sie auch bei der Behandlung des Musterbeispieles.

Marktumfeld

Das Marktumfeld umfaßt alle Rahmenbedingungen, die für Marketing-Managemententscheidungen berücksichtigt werden. Dazu gehören die wirtschaftspolitischen Rahmenbedingungen, politische Faktoren, Umweltfaktoren, die Gesellschaft als Unternehmensumfeld, Interessensgruppen, mögliche Käufer (Zielgruppen) etc.

Relevanter Markt

Als relevanter Markt eines Unternehmens wird jener Teil des gesamten Marktumfeldes bezeichnet, der bezüglich der Produkte, Absatzgebiete und Zielgruppen direkt angesprochen wird. Die Auswahl der entsprechenden Teile gehört zu den schwierigsten Startaufgaben, die im Rahmen der Strategieentwicklung für ein Unternehmen durchzuführen sind.

Für die Erstellung des Marketingplanes sollte jährlich eine Überprüfung des relevanten Marktes durchgeführt werden.

Marktpotential

Das Marktpotential ist die gesamte Menge, die von einem bestimmten Produkt in einem Markt theoretisch abgesetzt werden kann. Für einen Videorecorder könnte als Marktpotential die Anzahl aller Haushalte in einem Gebiet darstellen.

Marktvolumen

Das Marktvolumen ist jene Größe, die von allen Produzenten bzw. Mitbewerbern in diesem Marktgebiet abgesetzt wurde. Für das Beispiel mit Videorecordern also jene Anzahl an Geräten, die innerhalb einer Geschäftsperiode (zum Beispiel ein Jahr) an die Haushalte des Marktgebietes verkauft wurden.

Der Absatzanteil des eigenen Unternehmens am Marktvolumen ist der Marktanteil.

Ist die Differenz zwischen Marktpotential und Marktvolumen sehr groß, handelt es sich um einen Wachstumsmarkt. Ist das Marktvolumen schon fast gleich groß wie das Marktpotential, wird die Marktsättigung erreicht. Verdrängungswettbewerb mit intensiven Preiskämpfen kennzeichnet üblicherweise diese Situation in der Praxis.

Marktsegmente

Marktsegmente beschreiben Teilbereiche eines Marktes. Die Marktsegmente können zum Beispiel nach geografischen Gesichtspunkten (Absatzgebiete), nach Produktsegmenten (Anlaß, Nutzen, etc.) oder nach Zielgruppen (soziodemografisch, psychografisch) gebildet werden.

Marktsegmente nach Produktsegmenten

Im Falle einer Produktsegmentierung wird heute eine Anlaßsegmentierung bevorzugt. Entscheidend ist also nicht die Produktart oder Produktionsart (zum Beispiel Hotelzimmer einer Kategorie), sondern der Anlaß einer Reise (Privatreise oder Geschäftsreise).

Marktsegmente nach Zielgruppen

Für die Zielgruppensegmentierung werden die klassischen Kriterien der soziodemografischen Merkmale (Alter, Beruf, Bildung, Einkommen etc.) und die psychografischen Merkmale (Einstellungen, soziale Klasse etc.) herangezogen. Vielfach werden ähnliche Verhaltensweisen zu „Lifestyle"-Gruppen zusammengefaßt.

Ist die Armbanduhr ein Modeaccessoir, das mit der Kleidung gewechselt wird? - Ist die Armbanduhr ein Statussymbol, mit der die Zugehörigkeit zu einer sozialen Schicht oder zu einer Lifestyle-Gruppe ausgedrückt wird?

Erfolgsfaktoren

Welche Faktoren sind für eine erfolgreiche Marktbearbeitung relevant? Nach welchen Kriterien entscheiden sich Interessenten für oder gegen Ihr Produkt? Ist es der Preis, Qualität, Image, Service oder Design?

Mitbewerber

Wer sind Ihre direkten Mitbewerber? Wie hoch ist die Anzahl der Mitbewerber? Mit welchen Mitteln versuchen Sie den Wettlauf um den Kunden zu gewinnen?

1.1.2. Die Kunden

Weshalb sind gerade die eigenen Kunden für die Entwicklung eines Marketingplanes besonders wichtig? - Die Kunden, die Sie bereits gewonnen haben, mit denen Sie regelmäßigen Kontakt pflegen, widerspiegeln die Erfolge Ihrer bisherigen Tätigkeiten.

Wie sich Ihre Kundenstruktur - im Vergleich zu den Zielgruppen im Marktumfeld - entwickelt, gibt Ihnen wichtige Rückschlüsse für Ihre weiteren Zielsetzungen.

Der Unterschied zwischen „Kunden" und „Zielgruppen" ergibt sich daraus, daß mit Ihren Kunden bereits Beziehungen (z.B. Zahlungsvorgänge, Warenlieferungen etc.) bestehen. Eine Firma oder Person, die die Merkmale der definierten Zielgruppe zwar erfüllt, aber noch nicht in Ihrem Unternehmen gekauft hat, ist deshalb auch kein Kunde.

Kundenklassen

Eine einfache Möglichkeit, die eigene Kundenstruktur darzustellen, ist die ABC-Kundenanalyse. Das Ergebnis ist die Reihung der Kunden nach Umsatz oder Absatz (Absatzmenge). Die Gruppen nach A-, B- oder C-Kunden werden nach bestimmten Umsatzgrößen festgelegt. Auch die Anzahl der Kunden ist ein wichtiger Hinweis dafür, welches Potential Sie von der Zielgruppe im Markt bereits ausgeschöpft haben.

Kundentypen

Kundentypen charakterisieren die Kunden hinsichtlich Kaufverhalten, Organisation, Funktion im Vertriebsprozeß etc. Mögliche Kundentypen können zum Beispiel Konsumenten, Direktkunden, Nonprofit-Organisationen, Großhändler, Referenzkunden etc. sein. Die genaue Definition hängt von der jeweiligen Branche ab.

Kundenarten

Mit der Kundenart wird die Beziehungsebene zwischen Unternehmen und Kunde beschrieben. Handelt es sich um Neukunden oder um Stammkunden?

Interessieren sich Personen oder Firmen für Ihre Produkte, sind aber noch keine Kunden, werden diese als Interessenten oder Kauf-Interessenten bezeichnet. Erst nach einem tatsächlichen Kaufabschluß werden diese Kauf-Interessenten zu Kunden.

Kundenkontakte

Mit den Kontaktarten wird festgelegt, in welcher Form Sie mit Ihren Kunden in Kontakt treten. Die klassischen Kontakte sind Besuchs-, Direct-mail- und Telefonkontakte. In Zukunft werden E-Mail- und Online-Kontakte immer bedeutender.

Kundenzufriedenheit

Die Kundenzufriedenheit beschreibt Resultat und Prozeß der Leistungserbringung. Die Differenzierung beim Kunden entsteht durch die Art und Weise der Betreuung. Wie erlebt Ihr Kunde Serivcequalität? Welche Standards sind für die Gewährleistung der Kundenzufriedenheit definiert? Wie wird die Kundenzufriedenheit in Ihrem Unternehmen gemessen?

1.1.3. Die Strategie

Im Bereich Markt wird das Unternehmensumfeld analysiert. Im Bereich Kunden wird das Bindeglied zwischen Unternehmen und Markt dargestellt. Im Rahmen der Strategie wird die Situation des eigenen Unternehmens beleuchtet. Diese Augenblicksaufnahme der Struktur ist der Status und somit die eigene Ausgangssituation für die Entwicklung des Marketingplanes.

Die eigene Position ist immer nur Teilbereich der gesamten Strukturanalyse. Nichts wäre in der Praxis gefährlicher, als eine nach innen gerichtete Selbstdarstellung als Basis für eine zukünftige Entscheidungsgrundlage.

Die Strategie steht immer im dynamischen Beziehungsfeld zwischen Markt und Kunden. Nur eine wechselseitige Betrachtung mindert das Risiko von falschen Entscheidungen.

Positionierung

Welche Position haben Sie heute im Markt? - Sind Sie Marktführer? - Haben Sie eine Kostenführerschaft oder differenzieren Sie sich durch die Qualität von Ihren Mitbewerbern?

Stärken/Schwächen

Welche Stärken und Schwächen haben Sie heute in Ihrer Organisation? Gibt es bedrohliche Schwächen für Ihr Unternehmen? Verwenden Sie vor allem die im Markt vorhandenen Erfolgsfaktoren für die Beurteilung Ihrer Stärken und Schwächen?

Chancen/Risken

Welche Chancen ergeben sich aufgrund Ihrer Stärken? - Welche Märkte können Sie damit besser bearbeiten als Ihre Mitbewerber? Welche neuen Kunden können Sie gewinnen, wenn Sie Ihre Stärken richtig nützen?

Welche Risken bestehen aufgrund Ihrer Schwächen? Ergeben sich im Marktumfeld Veränderungen, die die Position Ihres Unternehmens gefährden könnten?

Strategische Meilensteine

Strategische Meilensteine beschreiben wichtige Eckpunkte bei der Umsetzung von Strategien. Das strategische Ziel „Aufbau eines Exportanteiles in Frankreich von 5 %“ erfordert die vorherige Umsetzung von strategischen Meilensteinen: Gründung eines Vertriebsbüros, Aufbau eines Vertriebsteams, Produktion von Produktvarianten für diesen lokalen Markt etc. Die Zielerreichung des gesamten strategischen Zieles setzt also die erfolgreiche Umsetzung der strategischen Meilensteine voraus.

Produktziele

Welchen Umsatz, welchen Absatz (Menge) und welchen Deckungsbeitrag wollen Sie in den nächsten Geschäftsperioden mit Ihren Produkten erreichen? Gibt es besondere Produktschwerpunkte? - Gibt es Produktneueinführungen?

Absatzgebietsziele

Welche Ziele (Umsatzsteigerung, Mengensteigerung etc.) wollen Sie in den einzelnen Absatzgebieten erreichen? Gibt es einen Markteintritt in bisher nicht bearbeitete Gebiete? Wollen Sie sich aus nicht rentablen Gebieten zurückziehen?

Kundenziele

Als Basis für die Kundenziele werden die Umsätze, Absätze (Menge) und Deckungsbeiträge herangezogen. Die Darstellung erfolgt für Kundenklassen, Kundentypen (zum Beispiel Direktkunden, Großhändler etc.) und für Kundenarten. Durch diese Aufgliederung erhalten Sie Aufschlüsse, in welchen Kundensegmenten Sie Wachstumsentwicklungen haben oder in welchen Kundensegmenten Sie an Boden verlieren.

Kontaktziele

Die Erreichung der Kundenziele hängt auch davon ab, wie aktiv die Zielgruppen und Kunden bearbeitet werden. Den Kontaktzielen kommt daher für die moderne Marketingsteuerung eine wichtige Bedeutung zu. Wieviele Direct-mail-, Telefon- und Besuchskontakte planen Sie für die einzelnen Kundentypen?

Ist der Kontakt-Mix im Hinblick auf die Kosten (denken Sie an die Kosten eines Telefonates und an die hohen Besuchskosten) optimiert? Sind genügend Ressourcen, zum Beispiel Außendienstmitarbeiter, für eine Neukundenakquisition vorhanden?

Maßnahmen

Keine Ziele ohne Maßnahmen. Welche Maßnahmen sind für die Zielerreichung erforderlich, wer ist für die Durchführung und Steuerung verantwortlich?

Vergleichen Sie auch die Basisinformationen zu den einzelnen Punkten im beschriebenen Musterbeispiel des zweiten Kapitels. Sehen Sie auch, welche Branchenunterschiede sich in den Fallbeispielen zu einigen dieser Punkte ergeben.

1.2. Die Entwicklungsstufen für den Marketingplan

1.2.1. Status - die Ausgangssituation

1.2.2. Trends - die Entwicklungen

1.2.3. Perspektiven - die Ziele

Die Strukturbereiche Markt, Kunden und Strategie sind die Bereiche, die bei der Entwicklung des Marketingplanes betrachtet werden sollten. Die angewendete Systematik ist sozusagen eine ganzheitliche Checkliste, die Ihnen die Sicherheit geben soll, nichts zu vergessen.

Ebenso wichtig wie die Strukturbereiche sind die zeitlichen Dimensionen für die Entwicklung des Marketingplanes. Diese Betrachtungsebene wird systematisch durch die Darstellung der Entwicklungsstufen berücksichtigt.

Die Erfahrungen der Vergangenheit und die derzeitige Situation werden in der ersten Stufe Status - die Ausgangssituation betrachtet.

Keine zukünftige Planung geschieht ohne die Berücksichtigung von Trends, Markttrends, Trends für das Zielgruppenverhalten, Kundentrends, Technologietrends etc. Die Prognose für die Zukunft wird in dieser zweiten Stufe festgehalten.

Die dritte Stufe ist die Betrachtung der eigenen Perspektiven. Wo wollen Sie in Zukunft mit Ihrem Unternehmen oder mit Ihren Produkten sein? Die Ergebnisse der ersten beiden Stufen sind dabei eine wichtige Vergleichsbasis. Die eigenen Perspektiven werden anhand der Ausgangssituation und den Trends in allen Strukturbereichen (Markt, Kunden, Strategie) verglichen. Durch diese systematische Vorgehensweise werden eigene Ziele mit externen Markt- und Kundentrends ständig überprüft.

Je systematischer und gewissenhafter die Daten aufbereitet sind, desto qualitativ hochwertiger ist die Entscheidungsgrundlage. Es ist selbstverständlich, daß damit auch die Entscheidungsqualität steigt. Dieser Faktor ist für den Unternehmenserfolg immer wichtiger. Für immer mehr Entscheidungen steht immer weniger Zeit in der Praxis zur Verfügung.

Die Daten, die für Entscheidungen notwendig wären, sind oft nicht greifbar. Dies hängt nicht unbedingt damit zusammen, daß die Informationen an sich nicht verfügbar wären. Viel häufiger sind die Daten nicht in der richtigen Form strukturiert und aufbereitet. Sich dieser Aufgabe zu widmen, ist eine wesentliche Aufgabe beim Aufbau von Marketinginformations-, Planungs- und Steuerungssystemen.

Das Fehlen von solchen Systemen darf aber keine Ausrede sein, mit dem ersten Schritt zu beginnen. Eine Schätzung ist besser als gar keine Information. Die Erkenntnis, in welchem Bereich die Daten fehlen, ist eine hilfreiche Information für die Optimierung des Planungsinstrumentes.

Je öfter diese Prozesse durchgeführt werden, desto mehr füllen sich die Lücken, desto greifbarer werden Entscheidungsunterlagen. Die Aussage ist unpopulär, aber kein Weg führt daran vorbei:

!tip

Die wichtigsten Aufgaben bei der Entwicklung des Marketingplanes sind die Hausaufgaben.

Überlassen Sie die Kreativität wirklich den Kreativen. Unterstützen Sie die Arbeit der Kreativen im Marketingbereich, indem Sie eine professionelle Entscheidungsgrundlage zur Verfügung stellen.

In der Praxis stehen Sie hier oft vor einem paradoxen Problem:

- Einerseits haben Sie jene Daten nicht, die Sie benötigen würden, andererseits haben Sie zu viele Informationen.

Die richtigen Fragen zu stellen, die richtigen Informationen auszuwählen und aufzubereiten sind bereits sehr wesentliche Aufgaben in dieser Stufe.

Die richtigen Fragen

Wer die richtigen Fragen stellt, hat die Chance, die entscheidenden Antworten und damit Entscheidungsgrundlagen zu erhalten. Die grundlegenden Fragen finden Sie in den jeweiligen Checklisten zu den einzelnen Bereichen. Darüber hinaus ist in dieser Phase alles erlaubt, das zu neuen Ansätzen, Ideen oder Problemlösungen führen kann.

Analysieren

Was ist der tatsächliche Bedarf des Kunden? Wie hat der Markt auf unsere Produkte reagiert? Welche Auswirkungen hatten die Preisentscheidungen der Mitbewerber auf die Umsätze unserer Kunden? - Den Fragestellungen und den Bereichen, die einer genaueren Analyse unterzogen werden, sind keine Grenzen gesetzt.

Welche Prioritäten sollten Sie dabei setzen? Konzentrieren Sie sich auf statistische Ausreißer, wie beispielsweise

- alle Produkte, die eine negative oder positive Umsatzabweichung von mehr als 10 % hatten,
- alle Kunden, die eine negative oder positive Veränderung des Deckungsbeitrages von mehr als 10 % hatten,
- alle Produktschwerpunkte, die für die nächste Periode geplant sind,
- alle Produkte, die durch konzentrierte Mitbewerbsaktivitäten betroffen sind.

Damit stellen Sie für Ihren Bereich sicher, daß Sie nach einer Prioritätenliste die Analysetätigkeit durchführen und sich nicht in unzähligen Informationen und Statistiken verlieren.

Die Daten aufbereiten

Daten sind nur dann Entscheidungsgrundlagen, wenn Sie in übersichtlicher Form aufbereitet sind. Die Kunst liegt in der Kürze. Wer hat heute Zeit, 25 Seiten kleingedruckten Text während des Tagesgeschäftes zu lesen? Ein Bild sagt mehr als tausend Worte. Die richtige Grafik mit der richtigen Aussage bringt das Problem auf den bildhaften Punkt.

Von Daten zu Fakten

Stellen Sie sich einen Marketingbericht vor, der alle Tabellen und Grafiken der Absatzgebiete nach Produktgruppen, Kundentypen und Verkaufsverantwortlichen beinhaltet. Hunderte Seiten Papier. Stellen Sie dem gegenüber die Aussage:

Im Absatzgebiet „X" liegt die Produktgruppe „Y" um 40 % hinter den durchschnittlichen Umsatzzielen. Diese Aussage bietet sofort einen Anhaltspunkt für eine tiefere Analyse: Handelt es sich dabei um ein Problem in diesem Absatzgebiet, gibt es andere Absatzgebiete, in denen diese Produktgruppe ebenfalls Umsatzeinbrüche erlitten hat? Ist die Ursache das Verhalten eines Mitbewerbers oder handelt es sich um Gründe, die in der eigenen Organisation liegen? ...

Entscheidend für den Marketingplan ist nicht die Verfügbarkeit aller Daten, sondern die Aufbereitung von Fakten.

Entscheidungsrelevante Fakten

Die erarbeiteten Fakten können zu einer Entscheidungsgrundlage zusammengeführt werden. Möglichst rasch von einer hohen Datenmenge zu entscheidungsrelevanten Fakten zu gelangen, ist der Zweck beim Aufbau von intelligenten Marketingsystemen.

Die ersten Schritte für dieses System werden bei der Strukturierung des Marketingplanes gesetzt.

Entscheidungen, Ziele und Maßnahmen

Danach stehen die gewohnten Managementaufgaben auf dem Programm. Entscheidungen treffen, Ziele setzen, Maßnahmen umsetzen und steuern. Mit professionellen Planungsunterlagen wird es Ihnen gelingen, Planabweichungen sofort zu realisieren und effizient in der Organisation zu kommunizieren.

Mehr noch. Erfolgreiche Teams lernen selbst, wenn Sie die Instrumente und Hilfsmittel dazu haben.

Diese Punkte sind für alle Entwicklungsstufen (Status, Trends, Perspektiven) und Strukturbereiche (Markt, Kunden, Strategie) zu berücksichtigen.

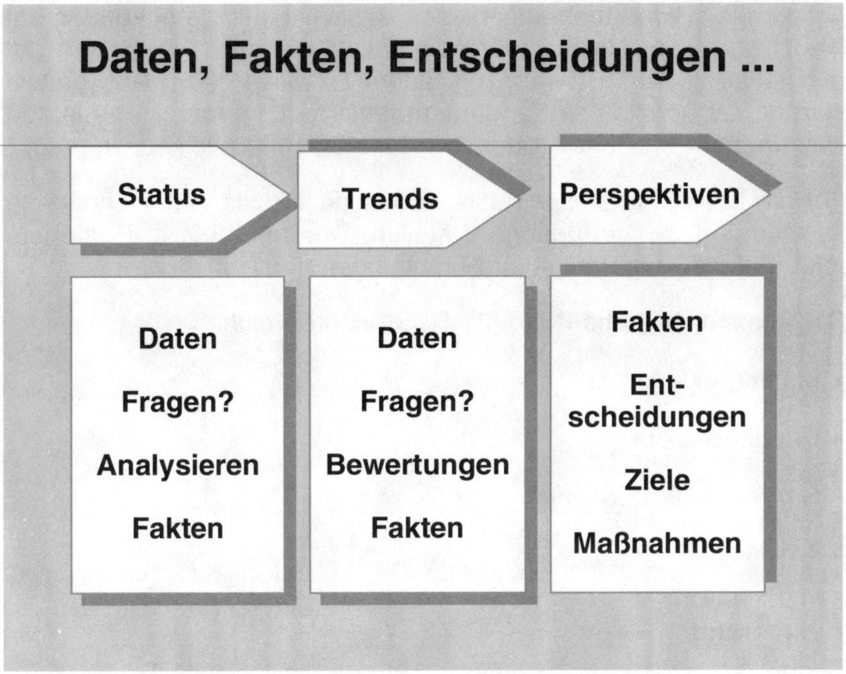

In Entwicklungsstufe Status und Trends analysieren Sie Daten und erarbeiten entscheidungsrelevante Fakten. Im Hinblick auf strategische Perspektiven werden Entscheidungen getroffen, Ziele und Maßnahmen vereinbart

1.2.1. Status - Ausgangssituation

In dieser ersten Entwicklungsstufe analysieren Sie die Istsituation der Strukturbereiche Markt, Kunden und Strategie. In dieser Stufe stehen die Tätigkeiten Daten und Informationen sammeln, Daten aufbereiten, Fakten suchen etc. im Vordergrund.

Die Erfahrungen der Vergangenheit widerspiegeln sich in den Umsatzdaten, Marktanteilen, Bekanntheitswerten von Produkten etc.

Die Ausgangssituation ist die Basis für die Entwicklung des Marketingplanes. Die Bedeutung dieser Basis ist mit dem Fundament beim Bau eines Hauses vergleichbar. Wenn das Fundament gut und stabil ist, kann darauf mit gutem Gewissen ein Haus erstellt werden. Ist bereits das Fundament fehlerhaft, können Risse in den Hausmauern entstehen, oder das Haus bricht letztlich zusammen.

Für die Erstellung dieser Basis sind in der Praxis daher genügend Ressourcen zur Verfügung zu stellen. Das betrifft Zeit, Personen, Information, Budgetmittel für Forschungen etc.

Die Ausgangssituation wird für die Strukturbereiche

- Marktstruktur
- Kundenstruktur
- Strategie - Status

entwickelt.

1.2.2. Trends

Eine klare Trennung von Status und Trends ermöglicht eine differenzierte Betrachtungsweise von einzelnen Marktentwicklungen. Trends können jeweils getrennt hinsichtlich der Bedeutung für das eigene Unternehmen beurteilt werden.

Das Sezieren von positiven oder negativen Entwicklungen ist ein aufschlußreicher Erkenntnisprozeß für das eigene Unternehmen. Aus einer positiven Umsatzentwicklung eines Produktes kann allerdings noch kein Trend abgeleitet werden. Erst wenn sich dieses

Faktum in mehreren Absatzgebieten bestätigt, durch Kaufverhaltensstudien bestätigt wird etc., läßt sich ein Trend feststellen.

Die Feststellung, ob ein schwaches Signal oder ein Trend vorliegt, kann nur dann getroffen werden, wenn langjährige Aufzeichnungen der Entwicklungen vorliegen.

Unternehmen, die diese Aufzeichnungen über viele Jahre hinweg führen, verfügen über ein wichtiges Potential an Informationen, das entscheidende Wettbewerbsvorteile mit sich bringen kann. Solche Unternehmen haben eine Marketingkultur. Es gibt strukturierte Datenerfassungs- und Aufbereitungsmethoden, eine gelernte Sprache und Entscheidungsregeln. Die Kommunikation zwischen Abteilungen ist transparenter und effizienter.

Die Strukturbereiche für die Entwicklungsstufe Trends werden wie folgt bezeichnet:

- Markttrends
- Kundentrends
- Strategie-Trends.

1.2.3. Perspektiven - die Ziele

Wo wollen wir hin? - Welche Positionierung soll Ihr Unternehmen oder Produkt in drei Jahren erreichen?

Wo wird der Markt in drei Jahren sein? - Welche Perspektiven gibt es für die einzelnen Absatzgebiete? - Wie entwickelt sich die für unser Produkt relevante Zielgruppe?

Wie wird sich unsere Kundenstruktur in drei Jahren entwickeln? - Ist der Trend anhaltend, daß der Anteil an älteren Kunden (soziodemografische Segmentierung) weiterhin ansteigt?

Auf dieser Stufe wird, auf der Basis der zuerst aufbereiteten Entscheidungsgrundlagen der Ausgangssituation und der Trends, eine Bewertung und letztlich Entscheidung für die eigene Zukunft getroffen.

Perspektiven betreffen die Vision und die Mission des Unternehmens. Das kann eine Marktführerschaft (zum Beispiel in einem bestimmten Produktfeld) oder eine Positionierung (zum Beispiel Innovator der Branche) sein. Diese Perspektive erfordert dann strategische Ziele und Maßnahmen, um diesen Zielzustand zu erreichen.

Eine magische Anziehungskraft der Vision ist für die Mobilisierung von Energien innerhalb der Organisation dabei genauso wichtig wie die konkrete Formulierung von Zielen und Maßnahmen für die Umsetzung.

Schlagworte wie „aus dem Chaos blühen“ etc. sollten mit Vorsicht betrachtet werden.

Vielmehr sollten Sie kritisch in Ihrem Unternehmen prüfen, ob Sie über dynamische Systeme verfügen, die Ihnen das Erkennen von Abweichungen rasch ermöglichen. Das lernende System ist der neue Begriff dafür.

Wenn Sie traditionelle Organisationsstrukturen mit modernem „Chaos“ überfordern, erleiden Sie Schiffbruch, bevor Sie das andere Ufer erreicht haben.

Die Festlegung des ersten Etappenzieles, das Sie bei der Entwicklung des Marketingplanes erreichen wollen, ist eine wichtige Managementaufgabe. Überfordern Sie Ihre Organisation nicht, fordern Sie Ihr Team aber soweit, daß Sie Veränderungsprozesse einleiten.

1.3. 10 Prinzipien für die Entwicklung des Marketingplanes

- **Prinzip der Wahrheit.** Führen Sie keine taktischen Gespräche mit Ihren anderen Teamkollegen. Die Punkte sollten so behandelt werden, wie sie sich in der Realität darstellen.

- **Prinzip der Klarheit.** Erstellen Sie einen Definitionskatalog, ein Marketingwörterbuch für die wichtigsten Begriffe, die Sie in der Praxis verwenden. Für Mißverständnisse besteht keine Zeit.

- **Prinzip der Transparenz.** Stellen Sie die Entscheidungsgrundlagen offen dar. Die abgeleiteten Ziele und Maßnahmen sollten auch für die anderen nachvollziehbar sein. Belegen Sie Chancen und Risiken mit Daten und Fakten.

- **Prinzip der Systematik.** Erstellen Sie Qualitätsstandards und Checklisten. Sie erhöhen damit die Datenqualität Ihrer Entscheidungsgrundlagen. Der Weg ist das Ziel.

- **Prinzip der Entscheidungsrelevanz.** Produzieren Sie keine Informationsflut, bringen Sie das Wesentliche auf den Punkt.

- **Prinzip der Teamarbeit.** Der Marketingplan ist Teamwork.

- **Prinzip der realistischen Zielsetzung.** Ziele und Maßnahmen können zu Spitzenleistungen anspornen, sollten jedoch erreichbar sein.

- **Prinzip der Effizienz.** Setzen Sie für die Entwicklung des Marketingplanes moderne elektronische Werkzeuge ein (Datenbanken, Datennetze, E-Mail etc.).

- **Prinzip der Modernität.** Verwenden Sie eine zeitgemäße - elektronische - Kommunikationsform. Leben Sie Marketing auch nach innen vor.

- **Prinzip der Lernfähigkeit.** Der Marketingplan ist ein Lernsystem. Entwickeln Sie Systeme für das Erkennen von Zielabweichungen. Damit starten Sie den Lernprozeß für Ihr Unternehmen.

2. Die Entwicklung eines Marketingplanes - Schritt für Schritt anhand eines Praxisbeispieles

2.1. Die Bearbeitung des Bereiches Markt

2.2. Die Bearbeitung des Bereiches Kunden

2.3. Die Bearbeitung des Bereiches Strategie

2.4. Das Dokument „Der Marketingplan" - Musterbeispiel

Im ersten Hauptkapitel haben Sie einen Überblick über die Bausteine für den Marketingplan erhalten. In diesem Hauptkapitel erfolgt anhand eines praktischen Beispieles die Entwicklung des Marketingplanes, Schritt für Schritt.

Die einzelnen Schritte stehen für alle Punkte, die bei der Entwicklung des Marketingplanes behandelt werden sollten. Die systematische Vorgehensweise und die Bearbeitung aller Punkte stehen dabei im Vordergrund.

Die Praxis ist komplex genug

Bewußt wird auf die theoretische Erörterung von Szenarien, Alternativen etc. verzichtet. Die Darstellung des didaktischen Weges hat für Sie als Praktiker absolute Priorität. Bezüglich bestehender wissenschaftlicher Methoden wird auf die jeweilige Spezialliteratur verwiesen. Die Praxis ist komplex genug, deshalb gilt hier die Methode **KiSS** (**K**eep **i**t **S**imple and **S**tupid).

Kein Praxisbezug ohne praktisches Beispiel. Für die praktische Entwicklung des Marketingplanes verwenden wir ein Beispiel aus dem Markenartikelbereich.

Das Produkt - das Musterbeispiel

Der Name des Produktes ist dabei nicht wesentlich. Die Daten und Rahmenbedingungen wurden erheblich verändert, sodaß keine Rückschlüsse auf tatsächliche Betriebsgeheimnisse, vertrauliche Mitbewerbsinformationen oder Marktforschungsergebnisse etc. möglich sind.

Die verwertbaren Erfahrungen und Erkenntnisse im Hinblick auf die Erstellung eines Marketingplanes gehen deswegen trotzdem nicht verloren.

Systematisch ans Ziel - der Weg ist das Ziel

Die Vorgehensweise erfolgt auf der im ersten Hauptkapitel beschriebenen Systematik. Zusätzlich erhalten Sie zu den einzelnen Punkten Basisinformationen. In den nachfolgenden Abschnitten werden diese Basisinformationen auf das Musterbeispiel, ein Markenartikelprodukt im Fertigsuppenmarkt (Tiefkühlsuppe) angewendet.

2.1. Die Behandlung des Strukturbereiches Markt

2.1.1. Die Marktstruktur

2.1.2. Markttrends

2.1.3. Marktperspektiven

2.1.4. Die Dokumentation für den Marketingplan

2.1.5. Die Fakten

Die Bausteine für den Strukturbereich Markt

Der Markt ist das ganze Umfeld. Nicht alles ist relevant. Der Weg ist Schritt für Schritt zum relevanten Markt für Ihr Unternehmen.

Marktstruktur

Strukturen sind oft nicht erkennbar. Wer sieht den Wald vor lauter Bäumen nicht? Die Strukturierung des Marktes an sich ist ein wichtiger Erkenntnisprozeß.

Markttrends

Die Marktstruktur ist die Basis für die Beurteilung der Markttrends. Marktentwicklungen, Zielgruppenentwicklungen, Produkttrends, Nachfragetrends, Umwelttrends etc. Welche Trends sind für das Unternehmen relevant?

Marktperspektiven

Wohin wird der Markt sich entwickeln? - Die Darstellung der Perspektiven ist keine Wahrsagerei, sondern die klare Formulierung der eigenen Annahmen und Sichtweise über den zukünftigen Zustand der zukünftigen Marktstruktur.

Die transparente Darstellung dieser „Projektion" in die Zukunft ermöglicht zu einem späteren Zeitpunkt die Erklärung der Rahmenbedingungen, unter denen Entscheidungen getroffen wurden. Entscheidungen, die beibehalten oder revidiert werden sollten.

2.1.1. Marktstrukturen

Basis Information

Zu den Teilbereichen der Marktstruktur gehören das Marktumfeld, der relevante Markt, Marktgrößen, Marktsegmente, Erfolgsfaktoren und Mitbewerber.

Wichtige Fragen

Welche wichtigen Fragen sollten Sie sich für die Behandlung dieses Abschnittes stellen?

?

Welche Faktoren des Marktumfeldes sind auf der Basis des Unternehmenszweckes besonders wichtig? - Politische, wirtschaftspolitische, klimatische oder umweltpolitische Faktoren etc.

Was ist der relevante Markt hinsichtlich der Produkte und/oder Leistungen?

Was ist der relevante Markt hinsichtlich der Zielgruppen?

Was ist der relevante Markt hinsichtlich der geografischen Absatzgebiete?

Wie wird der relevante Markt nach Produkten segmentiert?

Wie wird der relevante Markt nach Zielgruppen segmentiert?

Wie hoch ist das Marktpotential - wertmäßig/mengenmäßig?

Wie hoch ist das Marktvolumen - wertmäßig/mengenmäßig?

Wie hoch ist die Anzahl der Mitbewerber im relevanten Markt?

Welche Marktanteile haben die einzelnen Mitbewerber?

Welche besonderen Aktivitäten haben einzelne Mitbewerber durchgeführt?

Daten Quellen

Welche Datenquellen stehen Ihnen für die Beantwortung der Fragen zur Verfügung?

Extern:	Marktforschungsstudien, Marktstatistiken, Konsumentenverhalten, Nielsendaten, Lieferantenstatistiken, Mitbewerbsinformationen, Artikel in Fachzeitschriften, Online-Datenbankabfragen, Statistiken von Kammern, Verbänden, Interessensgemeinschaften etc.
Intern:	Umsatzstatistiken für Absatzgebiete, Mitbewerbsinformationen, Marketingberichte, Außendienstberichte
Atypisch:	Medien, Rundfunksendungen, TV-Sendungen, Szenenberichte, Technikertreffen für Mitbewerbsinformationen

Die Bestimmung des Marktumfeldes

Das Marktumfeld beinhaltet die gesamten Rahmenbedingungen für das Unternehmen (Volkswirtschaft, Politik, Umwelt etc.). Der für das Unternehmen relevante Markt ergibt sich zunächst aus dem Unternehmenszweck bzw. aus der Mission des Unternehmens (Produktfelder, Dienstleistungen etc.).

Der relevante Markt

Für die Festlegung des relevanten Marktes werden die Dimensionen

- Produkte
- Zielgruppen und
- Absatzgebiete

festgelegt.

Durch die Dimension Produkte (Leistungen, Dienstleistungen etc.) erfolgt eine Eingrenzung des Marktes im Hinblick auf Produkte. Üblicherweise erfolgt dies durch die Festlegung einer Branche, zum Beispiel Nahrungsmittelindustrie, Dienstleistung etc.

Eine weitere Konkretisierung wird durch die Auswahl von Zielgruppen getroffen, es werden Konsumenten oder Betriebe angesprochen. In dieser Stufe wird eine Vorauswahl getroffen. Eine weitere Konkretisierung wird im Rahmen der Segmentierung durchgeführt.

Die Abatzgebiete legen den geografischen Aktivitätsrahmen für das Unternehmen fest.

Die Festlegung der Marktsegmente

Die Segmentierung des Marktes ist eine weitere Strukturierung des relevanten Marktes. Der relevante Markt gibt einen Umriß für die Unternehmensaktivitäten. Die Segmentierung ist eine Verfeinerung dieser Vorauswahl.

Bei der Marktsegmentierung wird ein Markt in Teile aufgegliedert, die jeweils ähnliche Eigenschaften (zum Beispiel Luxussegmente für Prestige/Statusverhalten oder Billigpreissegmente für preissensible Käuferschichten) besitzen. Diese Segmente werden dann als homogene Teilmärkte bezeichnet.

Segmentierung nach Zielgruppen

Wie kann eine Segmentierung nach Zielgruppen erfolgen? Die bekannteste Form ist die Segmentierung nach soziodemografischen Merkmalen. Zu diesen Merkmalen gehören Alter, Einkommen, Bildung, Beruf, Geschlecht etc.

Moderne Life-Style-Segmentierung berücksichtigt zusätzlich psychologische Merkmale und Verhaltensweisen. Zum Beispiel Status, soziale Klasse, Sportarten, Kaufverhalten etc.

Eine weitere, in vielen Branchen übliche Segmentierung ist die Unterteilung in private Verwender (Endkonsumenten) und Firmen. Privatgeschäft und Firmengeschäft können dann unterschiedlich betrachtet werden.

Segmentierung nach Produkten

Bei dieser Segmentierungsart werden unterschiedliche Produktkategorien für die Segmentierung herangezogen (zum Beispiel alkoholfreie Getränke, alkoholhältige Getränke etc.). Bei traditionellen Darstellungen werden Produkt- oder produktionstechnische Eigenschaften herangezogen.

Segmentierung nach Anlässen

Moderne Ansätze berücksichtigen die Anlässe, zu denen die Produkte gekauft oder verwendet werden. Ein Produkt, zum Beispiel der Bankettraum, kann in einem Hotel mehrfach verwendet werden: bei einem privaten Anlaß für eine Hochzeit, bei einem geschäftlichen Anlaß für einen Seminarraum.

Die unterschiedlichen Anforderungen hinsichtlich Kaufverhalten, Servicequalität, Kundenzufriedenheit etc. können beim Ansatz der Anlaßsegmentierung besser berücksichtigt werden.

Für die Entwicklung des Musterbeispieles wird eine produktorientierte Segmentierung für die Entwicklung eines klassischen Marketingplanes verwendet. Vergleichen Sie jedoch die anlaßorientierten Segmentierungen bei den Fallbeispielen Musterhotel und Bankfiliale.

Absatzgebiete

Absatzgebiete können nach Inlands- oder Auslandsmärkten (unterschiedliche rechtliche, währungspolitische, politische etc. Rahmenbedingungen) segmentiert werden.

Die Bedeutung der Segmentierung

Die Einheitsware für alle hat endgültig ausgedient. Es gibt heute alles in mindestens hundertfacher Ausfertigung. Die Unternehmen sind gezwungen, sich immer individuelleren Kundenwünschen anzupassen. Es gibt zahlreiche Tiefkühlprodukte, die dem Konsumenten im Tiefkühlregal für seine tägliche Mahlzeit angeboten werden.

Im Gegensatz zu früheren Jahren werden die Zielgruppen jedoch immer kleiner und anspruchsvoller. Im Extremfall ist die kleinste homogene Gruppe der individuelle Gast. Die totale Fragmentierung der Märkte ist bereits Wirklichkeit.

Die Marktgrößen

Das Marktpotential

Wird der Markt im Sinne eines Absatzmarktes für alle Produkte dargestellt, spricht man vom Marktpotential. Das Marktpotential wird meistens in Wert (Umsatz) oder in Menge (Absatzeinheiten) bewertet. Das Potential eines Marktes beschreibt eine Größe, die theoretisch für ein Produkt erreichbar ist.

Ein Ferienhotel definiert den relevanten Markt zum Beispiel so:

- Produktsegment: Golf
- Zielgruppe: Etablierte (zahlungskräftige Oberschicht)
- Absatzgebiet: Berlin

In diesem Fall sind das Marktpotential alle Golfspieler in Berlin, die dieser Zielgruppe angehören.

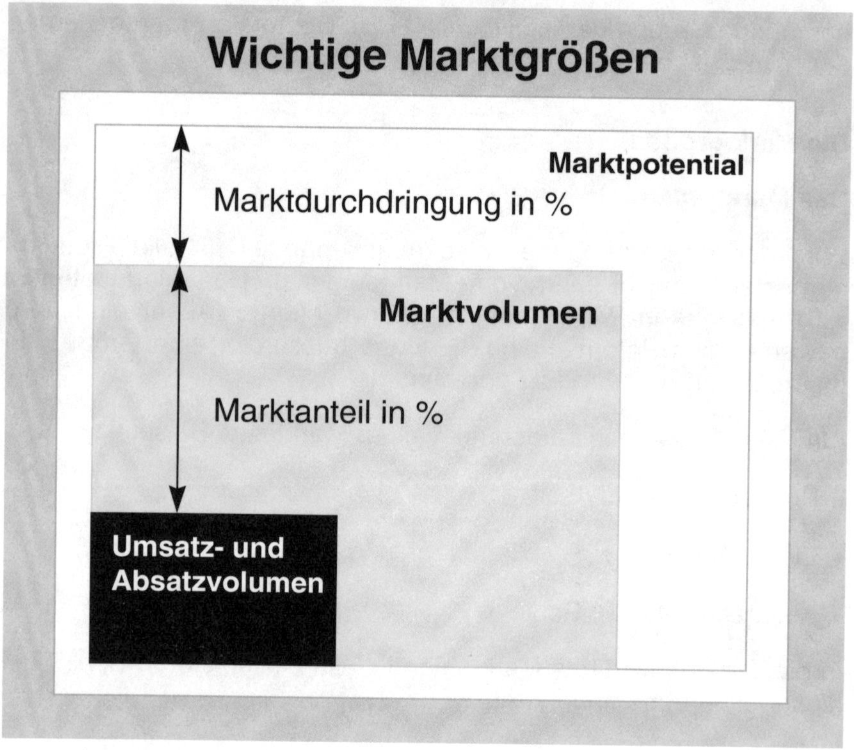

Die unterschiedlichen Bereiche von Marktpotential, Marktvolumen und Umsatz- bzw. Absatzvolumen

Marktvolumen

Im Gegensatz dazu wird mit dem Marktvolumen jene Größe bezeichnet, die von allen Produzenten bzw. Mitbewerbern in diesem Marktgebiet abgesetzt wurde, also die tatsächlich verkauften Gästenächtigungen an Golfspieler aus Berlin, die der Zielgruppendefinition entsprechen.

Sie sehen also, daß die internen Produktstatistiken mit den verfügbaren Daten in der Marktforschung abgestimmt werden müssen. Führen wir in internen Aufzeichnungen andere Statistiken als die Marktforschung, sind Vergleiche nicht mehr möglich.

Wenn das Marktvolumen dem Marktpotential entspricht, ist der Markt gesättigt. Ein Marktwachstum ist dann nicht mehr möglich. Vielfach wird das Erreichen dieser Marktsättigung durch einen starken Verdrängungswettbewerb begleitet.

Umsatz- und Absatzvolumen

Als Umsatzvolumen (Wert) bzw. Absatzvolumen (Menge) wird jene Größe bezeichnet, die das Hotel in einem Markt abgesetzt hat (z.B. Anzahl der Gästenächtigungen). Die Bezugsgröße zum jeweiligen Markt (z.B. Berlin) muß dabei immer klar dargestellt werden. In unserem Beispiel wären dies alle jene Berliner Golfspieler aus der Zielgruppe, die bei uns nächtigten.

Wichtige Kenngrößen

Auf dieser Basis ergeben sich zwei wichtige Kenngrößen, nämlich

- die Marktdurchdringung und
- der Marktanteil.

Die Marktdurchdringung ist das Marktvolumen in Prozent des Marktpotentials. Gesättigte Märkte haben eine Marktdurchdringung von annähernd 100 Prozent.

Der Marktanteil ist das Absatzvolumen in Prozent des Marktvolumens, das durch alle Mitbewerber in diesem relevanten Markt definiert wird.

Die Erfolgsfaktoren

Für das eigene Unternehmen stellen die Erfolgsfaktoren die Meßlatte dar, an der die Qualität und die Produktivität der eigenen Leistungen zu beurteilen sind. Eine permanente Untersuchung der Erfolgsfaktoren und die Ausrichtung der eigenen Leistungsprozesse auf diese Erfolgsfaktoren verhindern, daß das Unternehmen Veränderungen des Kundenbedarfes oder des Mitbewerbs zu spät erkennt.

Eine zusätzliche Möglichkeit zu überprüfen, ob die Erfolgsfaktoren des Unternehmens den Kundenanforderungen entsprechen, sind permanente Untersuchungen über die Kundenzufriedenheit (Gästebefragungen). Werden in bezug auf die Kundenzufriedenheit Problembereiche gegenüber dem Mitbewerber festgestellt, ist dies meistens ein deutlicher Hinweis auf eine mangelhafte Leistungsbereitschaft für die Erfolgsfaktoren des Unternehmens.

Im Rahmen der Erfolgsfaktoren schaffen sich Unternehmen die Basis zur Differenzierung zum Mitbewerber. Gelingt es einem Unternehmen, in einem oder mehreren Erfolgsfaktoren besser zu sein als der Mitbewerber, so bestehen klare Wettbewerbsvorteile.

Die Mitbewerber

Ihre Mitbewerber sind die wesentlichen Mitspieler auf dem Spielfeld Markt. Die Anzahl der Mitbewerber ist dabei ein erster Ansatzpunkt, die Mitbewerbsverhältnisse zu strukturieren. Die Größen hinsichtlich Umsatz, Absatz, Produktionskapazitäten etc. geben zusätzliche Hinweise über die Mitbewerbssituation.

Zumindest diese Information, wer Ihre Mitbewerber sind und wieviele es gibt, sollte verfügbar sein.

Eine wichtige Kennzahl, den Marktanteil, haben Sie bei der Marktgröße „Marktvolumen" bereits kennengelernt.

Der Marktanteil ist eine Schlüsselinformation für die Mitbewerbssituation. Wenn keine genauen Marktdaten verfügbar sind, ist eine Schätzung besser als gar keine Information.

Darüber hinaus sind Daten über das Mitbewerbsverhalten, Innovator, Nachahmer, Preisbrecher etc., für die Beurteilung des Marktes sehr wünschenswert.

PraXisBeispiel

Starten wir die praktische Entwicklung des Marketingplanes. Für diese Aufgabe haben wir einen klassischen Markenartikel ausgewählt. Ein Großteil des heute verfügbaren Marketingwissens wurde in der Markenartikelindustrie entwickelt. Der heftige Konkurrenzkampf im Konsumgüterbereich hat in dieser Industrie dazu geführt, daß ein hochentwickeltes Instrumentarium für die Beobachtung der Märkte und Kunden entstanden ist. Für die Entwicklung unseres Marketingplanes verwenden wir als Beispiel einen Markenartikel im Marktsegment Fertigsuppen.

Die ersten Schritte im Rahmen der Marktstruktur sind die Teilbereiche

- Marktumfeld,
- Relevanter Markt,
- Marktsegmente,
- Marktgrößen,
- Erfolgsfaktoren,
- Mitbewerb.

Der erste Schritt: Bestimmung des Marktumfeldes

Unser Markenartikelunternehmen ist im Bereich der Nahrungsmittelindustrie tätig. Für die Bestimmung des Marktumfeldes sind daher folgende Faktoren besonders wichtig:

- die Bevölkerungsstruktur und -entwicklung,
- die Entwicklung des Einkommens sowie
- die Entwicklung der Ernährungsgewohnheiten.

Die Bevölkerungsentwicklung beeinflußt das Marktpotential im Hinblick auf die Anzahl der Haushalte und der Zielgruppenmitglieder.

Die Einkommensentwicklung innerhalb des Marktes ist für die Positionierung der Produkte, besonders für Markenartikel, von Bedeutung. Hochpreisige und hochwertige Nahrungsmittel erfordern einen bestimmten Anteil von einkommensstarken Zielgruppen innerhalb der Bevölkerung.

Die Ernährungsgewohnheiten haben einen wesentlichen Einfluß auf die Art der Produkte, die in diesem Marktbereich nachgefragt werden. Dies kann einerseits die Zusammensetzung der Nahrungsmittel betreffen, zum Beispiel fettarme, kalorienreduzierte Produkte. Andererseits kann dies die Zubereitung der Nahrungsmittel betreffen, zum Beispiel die Verwendung von vorgefertigten Speisen, die rasch und einfach zubereitet werden können.

... der nächste Schritt: Abgrenzung des relevanten Marktes für Produkte

Innerhalb des Nahrungsmittelmarktes ist für dieses Produktsegment das Geschäftsfeld Fertigmahlzeiten der übergeordnete Markt. Innerhalb der Fertigmahlzeiten ist das Produktsegment „Fertigsuppen-Markt“ relevant.

Für diesen Bereich werden auch Marktforschungs- und Handelsforschungsdaten aufbereitet, d.h., es können externe Daten für die Bestimmung der Marktgrößen und die Beurteilung der Marktentwicklung herangezogen werden.

... der nächste Schritt: Abgrenzung des relevanten Marktes für Zielgruppen

Für dieses Produkt werden Endverbraucher angesprochen. Es wird daher in unserem Beispiel ausschließlich der Privatkundenbereich und nicht der Geschäftskundenbereich (zum Beispiel die Gastronomie) angesprochen.

... der nächste Schritt: Abgrenzung des relevanten Marktes für Absatzgebiete

Das relevante Absatzgebiet ist der Teilmarkt X der Europäischen Union.

... der nächste Schritt: Wie wird der relevante Markt nach Produkten segmentiert?

Die einzelnen Segmente werden branchenüblich als

- Premium-Trockensuppen,
- Tiefkühlsuppen,
- Standard-Trockensuppen und
- Dosensuppen

bezeichnet. Der Markt verwendet eine herstellungsorientierte Segmentierung für den Produktbereich.

... der nächste Schritt: Wie wird der relevante Markt nach Zielgruppen segmentiert?

Mit dem Produkt Tiefkühlsuppe unseres Markenartikelunternehmens werden Personen angesprochen, die folgende Merkmale haben:

- Verwenden bereits Premium-Trockensuppen oder bereiten aus Tiefkühlgemüse Suppen zu
- Haben höhere Qualitätsansprüche
- Legen Wert auf besonderen, natürlichen Geschmack
- Gehören der A-, B-Schicht an
- Leben in Single- bzw. Kleinhaushalten
- Sind eher in urbanen Gebieten zu Hause
- Legen Wert auf einfache und rasche Zubereitung der Speisen

... der nächste Schritt: Wie wird der relevante Markt nach Absatzgebieten segmentiert?

Die Segmentierung der Absatzgebiete erfolgt in Anlehnung an die Struktur der branchenüblichen Marktforschungsstudien, d.h. die Absatzgebiete Nord, Süd, West und Ost.

Die weitere Gliederung erfolgt aufgrund der geografischen/politischen Unterteilung der Länder.

... der nächste Schritt: Wie hoch ist das Marktpotential?

Die Anzahl der Zielgruppen

Wichtige Faktoren für die Bestimmung des Marktpotentials sind die Anzahl der Single- bzw. Kleinhaushalte in urbanen Gebieten, die der A-, B-Schicht angehören. Diese Zielgruppen gehören der Kernzielgruppe für das Produkt an.

Zielgruppen 1996		
Zielgruppen 1996	Bezeichnung	Anzahl im Markt
Zielgruppe 1	Single-Haushalte	500.000
Zielgruppe 2	Kleinhaushalte	1.200.000
Zielgruppe 3	Haushalte > 4 P.	900.000
Summe		**2.600.000**

In der Tabelle wird die Anzahl der Haushalte im relevanten Markt dargestellt. Diese Größe zeigt die maximal theoretische Obergrenze des Marktes für dieses Produkt. Die Eingrenzung erfolgt durch die Anwendung von soziodemografischen Merkmalen. Zum Beispiel die Einengung der Kleinhaushalte, die über ein bestimmtes Einkommen (A-, B-Schicht) verfügen.

Die Verbrauchsintensität

Der zweite wichtige Aspekt ist die Verwendungsintensität, d. h., wie oft kaufen Personen dieser Zielgruppe innerhalb einer Geschäftsperiode dieses Produkt? In diesem Fall liegt die Verwendungsintensität beim Faktor 4.

Auf der Basis der Marktstudien sowie der unternehmensinternen Daten beträgt das Marktpotential daher für die ausgewählten Zielgruppen (A-, B-Schicht) ca. 120.000 Einheiten. Wertmäßig beträgt das Marktpotential ca. 1,4 Mrd. ECU.

... der nächste Schritt: Wie hoch ist das Marktvolumen?

Das Marktvolumen, das in der laufenden Geschäftsperiode abgesetzt wurde, beträgt laut Marktforschungsstudien 98.120 Tonnen. Wertmäßig beträgt das Marktvolumen 1.022.000 ECU.

Die Verteilung des Marktvolumens auf die einzelnen Produktsegmente ist wie folgt:

Marktvolumen 1996				
Produktsegmente	**Volumen in ECU**	**Volumen Anteil in %**	**Absatz in Tonnen**	**Absatz-Anteil in %**
Premium-Trockensuppen	123.840	12%	9.600	10%
Tiefkühlsuppen	26.850	3%	1.500	2%
Standard-Trockensuppen	841.500	82%	85.000	87%
Dosensuppen	30.300	3%	2.020	2%
Summe Produktsegmente	**1.022.490**	**100%**	**98.120**	**100%**
Marktpotential:	1.400.000		140.000	
Marktvolumen:	1.022.490		98.120	
Marktsättigung in %	**73%**		**70%**	

Das Marktvolumen für die Tiefkühlsuppen

Fakten

Die **Marktsättigung** beträgt ca. 73 % wertmäßig und 70 % mengenmäßig. Für die nächsten Jahre ist daher noch ein Marktwachstum zu erwarten.

... der nächste Schritt: Welche Erfolgsfaktoren sind für den relevanten Markt entscheidend?

Die Erfolgsfaktoren für diesen Markt wurden aus Marktforschungs- und Kundenforschungsprojekten ermittelt. Entscheidend sind die Faktoren:

- Hochwertige Qualität
- Preiswürdigkeit
- Geschmack des Produktes

- Sortimentsbreite
- Markenbekanntheit
- Distribution
- Kompetenz des Herstellers

Für ein optimales Preis-/Leistungsverhältnis ist der Preisabstand zu den Mitbewerbern und zu den Preisen der Produkte im Standard-Päckchen-Segment wesentlich.

Eine hohe Produktqualität durch die Verwendung von hochwertigen Rohstoffen wird vom Konsumenten vorausgesetzt. Zusätzlich ist aber der gute, natürliche Geschmack sehr wichtig. Trotz einer industriellen Fertigung darf die Tiefkühlsuppe nicht „künstlich" schmekken.

Die Sortimentsbreite ist wesentlich, da der Konsument eine Abwechslung von unterschiedlichen Geschmacksrichtungen haben möchte. Kommunikations- und Verkaufsförderungsakvitäten sind für die Markenpflege erforderlich. Der Konsument soll ständig mit der Marke konfrontiert werden. Die Markenpflege ist auch als Abwehr gegenüber Mitbewerbsaktivitäten erforderlich.

... der nächste Schritt: Welche Mitbewerber gibt es?

Die Anzahl der Mitbewerber

Im relevanten Markt sind 26 Mitbewerber vorhanden. Die wichtigsten zehn Mitbewerber decken ca. 65 % des Marktvolumens ab. Im Premium-Segment und im Tiefkühlsegment sind drei Mitbewerber dominierend.

... der nächste Schritt: Wie hoch sind die Marktanteile der einzelnen Mitbewerber?

Die beiden Hauptmitbewerber im Premium-Segment haben einen Marktanteil (Absatz in Tonnen) von 6 % und 4 % . Der eigene Marktanteil beträgt 4 %. Dies ist die 6. Position. Die Hauptmitbewerber konnten in den vergangenen Jahren ihre Marktanteile ausbauen.

Marktanteile 1996					
Rangreihe	Mitbewerber	Umsatz in 1000	Marktanteil Umsatz in %	Absatz in Tonnen	Marktanteil Absatz in %
1	Mitbewerber A	152.460	15%	15.400	16%
2	Mitbewerber B	123.750	12%	12.500	13%
3	Mitbewerber C	89.100	9%	9.000	9%
4	Mitbewerber D	67.200	7%	5.600	6%
5	Mitbewerber E	46.800	5%	3.900	4%
6	Eigenes Unternehmen	68.020	7%	3.800	4%
7	Mitbewerber G	42.000	4%	3.500	4%
8	Mitbewerber H	31.680	3%	3.200	3%
9	Mitbewerber I	28.710	3%	2.900	3%
10	Mitbewerber G	27.720	3%	2.800	3%
	Marktabdeckung TOP 10	**677.440**	**66%**	**62.600**	**64%**
	Marktvolumen	**1.022.490**		**98.120**	

Die Marktanteile der einzelnen Mitbewerber im relevanten Markt für Fertigsuppen

... der nächste Schritt: Welche besonderen Aktivitäten wurden von einzelnen Mitbewerbern durchgeführt?

Die beiden Hauptmitbewerber haben in der letzten Geschäftsperiode neue Produkte im Premium-Segment eingeführt. Die werbliche Unterstützung für die Hauptmarken wurde verstärkt. Umfangreiche Markteinführungsmaßnahmen, zum Beispiel Gratisverteilung von Mustern und Einführungsaktionen im Handel, wurden durchgeführt.

Aufgrund der unterschiedlichen Produktionstechnologien (Tiefkühlkost im Vergleich zu Trockensortiment) ergeben sich unterschiedliche Letztverbraucherpreise für die Endprodukte. Die Mitbewerbsposition hinsichtlich des wertmäßigen Marktanteiles ist daher für das Unternehmen die 4. Position. Der Mitbewerber D, der ebenfalls sehr hochwertige Produkte vertreibt (Premium-Preise), ist in dieser Hinsicht daher als Hauptmitbewerber anzusehen.

Marktstrukturen als Grundlage für Markttrends

Mit diesen ausgewählten Informationen und Tabellen haben Sie den Markt strukturiert. Vielfach ist das die schwierigste Aufgabe in der Praxis, weil keine Daten vorhanden sind oder die Erfassung von Segmenten in der Vergangenheit nicht gepflegt wurde.

Die Markttrends können jedoch nur dann auf einen fruchtbaren Boden fallen, wenn die „Strukturen“ für die Abbildung der Trends bestehen.

Fakten

Der **relevante Markt** des Unternehmens ist ein Wachstumsmarkt. Das Marktpotential ist weder in mengenmäßiger noch in wertmäßiger Hinsicht ausgeschöpft.

Die TOP 10 Mitbewerber decken bereits über 60 % des Marktvolumens ab. Die **hohe Konzentration** zeigt die oligopolistische Marktstruktur hinsichtlich der Mitbewerber.

2.1.2. Die Markttrends

Basis Information

Die regelmäßige Analyse der Marktstrukturen und der Marktentwicklung ist für das Erkennen von Veränderungen wesentlich. Wer eine gegenwärtige Marktstruktur nicht kennt oder nicht analysiert, kann Veränderungen nicht wahrnehmen.

Aus diesem Blickwinkel erscheinen Marketing-Datenbank-Systeme, die Millionen von Informationen über den relevanten Markt sammeln, speichern, verwerten und verdichten, unumgänglich. Diese Systeme bilden die Schaltzentrale von lernenden Systemen. In dynamischen Märkten sind diese Systeme eine unabdingbare Voraussetzung für die Sicherung der Existenzfähigkeit des Unternehmens.

Schwache Signale und Trends

Ein Umsatzrückgang für Produkt X ist noch kein Trend, sondern zunächst ein Faktum. Die Veränderung kann aber als schwaches Signal aufgefaßt werden, um sorgfältig und aufmerksam Entwicklungen dieses Produktes zu beobachten. Das rasche Erkennen der Trends ist dabei nicht genug.

Soziodemographische Trends

Bevölkerungswachstum, Alter, Bildung, Familienentwicklung sowie geografische Veränderungen (Stadt/Land) stellen bei dieser Betrachtungsweise die wichtigsten Indikatoren dar.

Wirtschaftliche Trends

Einkommen, Inflation, Beschäftigung und Wirtschaftswachstum stellen Eckpfeiler in der Betrachtung der wirtschaftlichen Entwicklung dar.

Umwelt-Trends

Die Umwelt bedeutet für den Tourismus eine wesentliche Ressource. Schöne Landschaften, saubere Umgebung und Lebensqualität sind Voraussetzungen für einen erfolgreichen Incoming-Tourismus.

Technologie-Trends

Die Lebenszyklen von Produkten werden, bedingt durch die Anwendung von Hochtechnologie in der Produktentwicklung, in der Produktion und im Produkt selbst, immer kürzer.

Von der Idee bis zum Erscheinen eines neuen Produktes vergehen heute nur mehr wenige Monate. Technologie ist und wird in Zukunft ein entscheidender Faktor in vielen Branchen sein.

Megatrends

Megatrends beziehen sich auf die kulturelle/politische Entwicklung. Die Einstellung der Menschen zu sich und zum Leben generell und die daraus resultierenden Freizeittrends stellen wesentliche Merkmale in der gesellschaftlichen und wirtschaftspolitischen Entwicklung dar.

Kaufverhalten der Zielgruppen

Die markt- und zielgruppenorientierte Führung eines Unternehmens erfordert die systematische Anwendung von Kundenforschung. Motive, Beweggründe über die Verwendung und den Kauf der eigenen Produkte müssen ständig überprüft und beobachtet werden.

Auch diesbezüglich bestehen wechselseitige Beziehungen. Durch die aktive Gestaltung von Kundenbeziehungen können Pionierleistungen (z.B. Produktinnovationen) erprobt und entwickelt werden, die ihrerseits Trends für den gesamten Markt vorwegnehmen können.

Das Vorausahnen von Entwicklungen, um die Trends gemeinsam mit den Zielgruppen zu gestalten, wird zum wesentlichen Erfolgsfaktor.

Die Untersuchung von all diesen Trends bezieht sich sowohl auf die Absatzentwicklung der eigenen Produkte als auch auf die Erforschung von Motiven und Einstellungen des Kunden. Veränderungen in diesen Bereichen führen zu Verhaltensänderungen, die neue Chancen für neue Leistungen darstellen oder bestehende Potentiale gefährden können.

Welche wichtigen Fragen sollten Sie sich für die Behandlung dieses Abschnittes stellen?

? **Wie wird sich der Gesamtmarkt in der nächsten Geschäftsperiode entwickeln?**

Wie hoch ist das Marktwachstum in Mengeneinheiten?

Wie hoch ist das Marktwachstum in Werteinheiten?

Welche markanten Unterschiede gibt es für die Marktwachstumsraten in einzelnen Marktsegmenten (Produktsegmente, Zielgruppensegmente und Absatzgebiete)?

Welche Trends gibt es in den einzelnen Segmenten generell zu beobachten?

Wie werden sich die Preise entwickeln?

Welche Ursachen gibt es für die Preisveränderungen?

Welche Veränderungen gibt es im Kaufverhalten bei den einzelnen Zielgruppen?

Welche Veränderungen sind hinsichtlich der Qualitätsstandards und Kundenerwartungen erkennbar?

Welche Innovationen gibt es hinsichtlich der Produkte?

Welche Innovationen gibt es hinsichtlich der Serviceleistungen?

Welche Trends gibt es hinsichtlich der Erfolgsfaktoren?

Welche Veränderungen sind hinsichtlich der Mitbewerber feststellbar?

Welche Innovationen sind bei der Marktbearbeitung zu erwarten (neue Vertriebskanäle etc.)?

Welche Datenquellen stehen Ihnen für die Beantwortung der Fragen zur Verfügung?

Extern:	Trendanalysen, Analysen über Veränderungen des Konsumentenverhaltens, Analysen von Fachzeitschriften, Online-Recherchen, Forschungen an Fachmessen etc.
Intern:	Datenbanken, statistische Auswertungen der Umsatz- und Absatzdaten, Analyse von Besuchsberichten, Mitbewerbshinweise der Vertriebsmitarbeiter etc.
Atypisch:	Auswertungen der Kundenanrufe beim Service-Telefon, (Toll Free Numbers), Internet E-Mail Anfragen etc.

Entwicklung der Marktgrößen

Die Darstellung der Wachstumsraten in Mengen- und Werteinheiten für die ausgewählten relevanten Märkte gehört zu den Mindestanforderungen, die in diesem Bereich durchgeführt werden sollten.

Marktpotential und Marktvolumen

Wichtig ist dabei eine klare Abgrenzung von Marktgröße, Marktpotential und Marktvolumen. In der Praxis ist das nicht immer einfach, da oft keine entsprechenden Daten verfügbar sind. Eine Schätzung ist auch hier besser als gar keine Information. Zumindest liegt die Einschätzung des Managements über die Entwicklung des Marktpotentials und des Marktvolumens dar.

Wenn die Werteinheiten nicht verfügbar sind, sollte zumindest eine Aussage über die Preisentwicklung in den wichtigsten Produktsegmenten vorliegen.

In dieser Phase wird zunächst die Veränderung der Marktgrößen an sich betrachtet. Die Ergebnisse erlauben an dieser Stelle noch keine Aussage über die Mitbewerbsintensität in diesem Markt. Diese Beurteilung kann erst durch die Ergänzung der Mitbewerbsinformation erfolgen.

Trends in den Marktsegmenten

Bei diesem Schritt werden für die Produkte, Zielgruppen und Absatzgebiete Fakten über die Veränderungen aufgestellt. Die Kunst besteht hier darin, aus der Fülle von Informationen die für das Unternehmen wesentlichen Fakten zu analysieren und auf den Punkt zu bringen.

Erinnern Sie sich: Von Daten zu Fakten, von Fakten zu Entscheidungsgrundlagen.

Bei der Analyse von Trends, zum Beispiel Kaufverhalten in Zielgruppensegmenten, können auch neue Fragen auftauchen, die in neuen Kundenforschungsstudien untersucht werden sollten.

Trends für die Erfolgsfaktoren

Die festgelegten Erfolgsfaktoren sollten jeweils gesondert auf Veränderungen hin überprüft werden. Ist der Erfolgsfaktor Produktqualität immer noch entscheidend oder wird der Erfolgsfaktor Design für den Kaufentscheidungsprozeß bedeutender?

Ebenso sind generelle Trends, zum Beispiel neue Technologien, dahingehend zu überprüfen, ob sich daraus Konsequenzen für die Erfolgsfaktoren ergeben.

!tip

- Bei der Erstellung des Marketingplanes sollten Sie nicht unbedingt die Unternehmensstrategie neu definieren.

Die systematische Überprüfung von Trends (zum Beispiel die Substitution von Materialien und Technologien etc.) wird in der Strategieentwicklung durchgeführt. Bei der Erstellung des Marketingplanes soll ein kurzer Überprüfungsprozeß stattfinden, ob die Aussagen grundsätzlich noch Gültigkeit haben. Nur in Ausnahmefällen sollte bei der Erstellung des Marketingplanes eine Strategieentwicklung für wesentliche Problemstellungen durchgeführt werden.

Veränderungen im Mitbewerbsumfeld

Mitbewerbsinformationen sind für die Trendanalyse das Salz in der Suppe. Es ist durchaus möglich, daß der Markt wächst. Wenn Ihre Mitbewerber jedoch strategische Wettbewerbsvorteile aggressiv gegen Ihre Produkte einsetzen, kann Ihre Umsatzentwicklung dennoch rückläufig sein. Die Maßnahmen, wie Sie auf diese Umsatzentwicklung aufgrund von Wettbewerbsnachteilen reagieren, ist jedoch eine andere, als wenn Sie auf einen generellen Marktrückgang reagieren.

Beobachten Sie auch, ob es neue Mitbewerber gibt? Ändert sich die Zahl der Mitbewerber? - Gibt es Mitbewerber, die die Spielregeln des Marktes verändern?

Die Veränderung der Marktanteile

Eine Schlüsselinformation ist dabei der Marktanteil. Die Veränderung der Marktanteile sollte auf jeden Fall zu Ihren Pflichtübungen gehören. Wenn die Marktanteile nicht in allen Produktsegmenten verfügbar sind, dann legen Sie Ihre Prioritäten auf die für Sie wichtigsten Produkte und relevanten Schlüsselmärkte.

PraXisBeispiel

Welche Trends gibt es in unserem Musterbeispiel Tiefkühlsuppen? - Wie rasch werden die bestehenden Marktpotentiale voraussichtlich im Markt realisiert? - Welche Trends gibt es für die einzelnen Segmente?

... der nächste Schritt: Wie entwickelt sich der Gesamtmarkt?

Die Trends deuten auf eine Ausweitung des Marktpotentials hin. Die Gründe liegen in einer Zunahme der Personen, die Fertigsuppen für ihre Mahlzeiten verwenden (Einkommenssteigerung, Verstärkung dieser Verhaltenstendenz, Erhöhung der Verbrauchsintensität). Hinsichtlich der Produktsegmente sind keine strukturellen Veränderungen, zum Beispiel neue Produktsegmente durch Produktinnovationen, erkennbar.

... der nächste Schritt: Wie entwickelt sich das Marktvolumen in Mengeneinheiten?

Die Marktstudien zeigen, daß der Gesamtmarkt in Mengeneinheiten um etwa 10 Prozent wachsen wird.

... der nächste Schritt: Wie entwickelt sich das Marktvolumen in Werteinheiten?

Wertmäßig zeigt sich ein Wachstum des Marktvolumens von ca. 15 Prozent.

Fakten

Das Marktwachstum in Werteinheiten ist höher als das Marktwachstum in Mengeneinheiten.

... der nächste Schritt: Welche markanten Unterschiede gibt es in den einzelnen Marktsegmenten ?

Die Wachstumsanalyse in den einzelnen Produkten zeigt, daß das Premium-Segment deutlich stärker wächst als die anderen Segmente.

Marktentwicklung 1996 - 1997			
Produktsegmente	**Absatz 1996**	**Absatz 1997**	**Markt-wachstum Absatz in %**
Premium-Trockensuppen	9.600	10.400	8%
Tiefkühlsuppen	1.500	1.700	13%
Standard-Trockensuppen	85.000	89.000	5%
Dosensuppen	2.020	2.080	3%
Summe Produktsegmente	**98.120**	**103.180**	**5%**
Marktpotential:	140.000	140.000	0%
Marktvolumen:	98.120	103.000	5%
Marktsättigung in %	**70%**	**74%**	

Die mengenmäßige Marktentwicklung (Absatz in Tonnen) für den Fertigsuppenmarkt

Fakten

Der Gesamtmarkt wird in der nächsten Periode um ca. 5 % wachsen.

Wertmäßig ist für die Premium-Segmente ein noch stärkeres Wachstum zu erwarten (überproportionaler Anstieg gegenüber der mengenmäßigen Entwicklung).

Marktentwicklung 1996 - 1997

Produktsegmente	Volumen 1996	Volumen 1997	Marktwachstum Volumen in %
Premium-Trockensuppen	123.840	140.000	13%
Tiefkühlsuppen	26.850	31.000	15%
Standard-Trockensuppen	841.500	875.000	4%
Dosensuppen	30.300	30.500	1%
Summe Produktsegmente	**1.022.490**	**1.076.500**	**5%**
Marktpotential:	1.400.000	1.400.000	0%
Marktvolumen:	1.022.490	1.090.500	7%
Marktsättigung in %	**73%**	**78%**	

Die wertmäßige Marktentwicklung (Volumen in ECU) für den Fertigsuppenmarkt

... der nächste Schritt: Welche Trends gibt es in den einzelnen Segmenten generell zu beobachten?

- Die Analyse der Markt- und Kundenforschung hat folgende Ergebnisse gezeigt:
- Generell liegt ein Trend zu höherwertigen Produkten vor.
- An das Geschmackserlebnis werden vom Konsumenten höhere Anforderungen gestellt.
- Die einfache und rasche Zubereitung der Fertigsuppen darf bei der Erreichung einer höheren Geschmacksqualität nicht beeinträchtigt werden.

- Die Preissensibilität steigt, d.h., auch bei Premium-Produkten kann eine Preisschwelle und ein Abstand zu den Standardprodukten nicht überschritten werden.

... der nächste Schritt: Wie werden sich die Preise entwickeln?

Innerhalb der einzelnen Segmente für Standardprodukte werden die Preise stagnierend beziehungsweise leicht rückläufig sein. Im Premium-Segment können durch die Einführung von neuen, hochwertigeren Produkten höhere Preise erzielt werden.

... der nächste Schritt: Welche Ursachen gibt es für die Preisveränderungen?

Das starke wertmäßige Wachstum ist auf die Einführung von drei neuen Premium-Marken der Mitbewerber zurückzuführen. Dadurch ändert sich auch der Anteil dieses Produktsegmentes gegenüber den anderen Segmenten.

... der nächste Schritt: Welche Veränderungen gibt es im Kaufverhalten bei den einzelnen Zielgruppen?

Bei den Zielgruppen herrscht generell der Trend zu mehr Qualität und Hochwertigkeit.

Welche Veränderungen sind hinsichtlich der Qualitätsstandards und Kundenerwartungen erkennbar?

Die hohen Erwartungen hinsichtlich der Produktqualität werden als Standard erfüllt werden müssen. Für den Konsumenten ist die Verfügbarkeit (Distribution) der Produkte wesentlich.

... der nächste Schritt: Welche Innovationen gibt es hinsichtlich der Produkte?

Innovationen werden neue Sorten und Geschmacksvarianten betreffen. Hinsichtlich der Produktionstechnologien werden keine Veränderungen erwartet.

... der nächste Schritt: Welche Innovationen gibt es hinsichtlich der Serviceleistungen?

Als Serviceleistungen werden Informationen über die Zubereitung der Speisen sowie Tips für die Gestaltung von einfachen Menüs durch den Konsumenten nachgefragt.

... der nächste Schritt: Welche Trends gibt es hinsichtlich der Erfolgsfaktoren?

Die Erfolgsfaktoren

- hochwertige Qualität,
- Geschmack des Produktes und
- Preiswürdigkeit

nehmen an Bedeutung zu.

Diese Faktoren werden für den Kaufentscheidungsprozeß beim Konsumenten immer wichtiger.

... der nächste Schritt: Welche Veränderungen sind hinsichtlich der Mitbewerber feststellbar?

Für die nächste Periode werden keine neuen Mitbewerber erwartet. Die Anzahl der Mitbewerber wird sich deshalb nicht verändern. Die Aktivitäten der Mitbewerber werden sich, wie in der vorangegangenen Periode, auf das Premium-Segment konzentrieren.

... der nächste Schritt: Welche Innovationen sind bei der Marktbearbeitung zu erwarten (neue Vertriebskanäle etc.)?

Die Produkte werden weiterhin über die bestehenden Handelskanäle vertrieben. Für Premium-Marken ist eine Verstärkung von Verkaufsförderungsmaßnahmen (zum Beispiel Handelspromotion-Einsätze) zu erwarten.

Basis Information

2.1.3. Marktperspektiven

Wo wird der Markt in drei Jahren sein? - Wie hoch wird das Marktpotential sein? - Wird der Markt in drei Jahren gesättigt sein oder werden noch immer Marktwachstumsraten möglich sein?

Wichtige Fragen

Welche wichtigen Fragen sollten Sie sich für die Behandlung dieses Abschnittes stellen?

→ **Wie hoch ist das Marktpotential in drei Jahren (wertmäßig/mengenmäßig)?**

Wie hoch ist das Marktvolumen in drei Jahren (wertmäßig/mengenmäßig)?

Welchen Anteil in % werden die Marktsegmente (Produkte, Zielgruppen, Absatzgebiete) haben?

Welche Erfolgsfaktoren werden relevant sein? - Hat sich die Reihenfolge verändert?

Wie wird sich die Mitbewerbsstruktur in drei Jahren darstellen?

Gibt es neue Mitbewerber? - Wie hoch wird die Anzahl der Mitbewerber sein?

Welche Marktanteile werden die einzelnen Mitbewerber wahrscheinlich haben?

Daten Quellen

Welche Datenquellen stehen Ihnen für die Beantwortung der Fragen zur Verfügung?

Extern:	Spezielle Marktforschungsinstitute, Wirtschaftsforschungsinstitute, Trend- und Prognosestudien etc.
Intern:	Interne eigene Datenbanken, Datenquellen von Marktstrukturen, Markttrends etc.
Atypisch:	Expertengespräche, Expertensysteme

In diesem Bereich werden die Marktannahmen, die in der Strategieentwicklung getroffen wurden, überprüft und hochgerechnet. Es geht hier nicht um die Kundgebung von Vermutungen, sondern um die Kalkulation und Berechnung der Marktentwicklungen aufgrund der Trendaussagen. Die Fakten des Bereiches Markttrends werden in die Zukunft prognostiziert.

Natürlich können in der Praxis Entscheidungen aus dem Bauch auch erfolgreich sein. Statistisch gesehen sind jedoch ca. 70 % dieser Entscheidungen falsch (diese Fehlerquote wurde in Studien nachgewiesen). Wir empfehlen daher, den - elektronischen - Rechenstift für Ihre Prognosen zur Hand zu nehmen.

Viele strategische Fehlentscheidungen liegen in der Praxis darin begründet, daß diesen Größen zuwenig Beachtung zukommt. Tage werden in Unternehmen oft damit verbracht, Planbilanzen und Finanzierungskonzepte hochzurechnen und zu überprüfen. Die „Marktgrößen fließen darin oft nur indirekt ein. Die Prognose erfolgt auf der Annahme, daß die geplanten Umsätze realisiert werden. Wie die Umsätze zustande kommen, ist oft nicht nachvollziehbar.

Dabei haben die Absatzplanungen direkten Einfluß auf die Investitionen. Besonders in kapitalintensiven Branchen kann eine falsche Einschätzung der Marktentwicklung die Unternehmensexistenz gefährden. Denken Sie zum Beispiel an die Papierbranche, in der

Kapazitätserweiterungen noch zu einem Zeitpunkt stattgefunden haben, als die Marktsättigung längst absehbar war.

Natürlich kann eine Investition trotzdem sinnvoll sein, wenn dadurch Produktivitätsvorteile erzielt werden. Es sollte jedoch kein Zweifel darüber bestehen, daß Sie für die Umsetzung dieser strategischen Entscheidung auch die entsprechenden Ressourcen (Finanzkraft, Personal etc.) im Unternehmen haben, um diesen Verdrängungswettbewerb erfolgreich für Ihr Unternehmen zu entscheiden.

Die Hochrechnung der Marktgrößen

Für die Hochrechnung der Marktgrößen, Marktvolumen und Marktpotential, sollten Sie zumindest eine Perspektive von drei Jahren heranziehen. Überprüfen Sie, ob die Wachstumstrends für weitere Jahre prognostiziert werden können.

Selbstverständlich können Sie für diese Hochrechnung auch Zeitreihenanalysen oder Risikoanalysen durchführen. Zahlreich verfügbare Softwareprogramme unterstützen Sie bei diesen Rechenaufgaben. Diesbezüglich verweisen wir an dieser Stelle an die Spezialliteratur.

Die Perspektiven für die Marktsegmente

Die Marktgrößen liefern die Rahmenbedingungen für die detaillierten Bewertungen über die Entwicklungen der einzelnen Teilmärkte nach Produktsegmenten und Zielgruppensegmenten.

Die gesonderte Hochrechnung der Teilmärkte ist zugleich eine gute Kontrolle darüber, ob die Gesamteinschätzung des Marktes plausibel ist.

Anteile der Marktsegmente

Die einfachste Form, diese Zukunftsperspektive darzustellen, ist eine Berechnung der Anteile der einzelnen Segmente in Prozent. Diese Abbildung der zukünftigen Struktur erlaubt Ihnen, durch einen Vergleich mit der bestehen Marktstruktur die getroffenen Annahmen über die Trends zu überprüfen.

Die Entwicklungspotentiale der Mitbewerber

Welche Marktanteile werden die Mitbewerber in drei Jahren haben? Mit dieser Frage beurteilen Sie auch die Potentiale, die einzelne Mitbewerber aus Ihrer Sicht im Markt haben. Welcher Mitbewerber wird Marktanteile dazugewinnen? - Welche Mitbewerber werden an Boden verlieren?

Stellen Sie diese Einschätzung über die Mitbewerber in einer Marktanteilstabelle dar. Selbst wenn Sie über keine umfangreichen Mitbewerbsdatenbanken verfügen, haben Sie damit ein einfaches Instrument, um die Entwicklung Ihrer Mitbewerber zu beobachten. Sie erhalten, wenn sich Marktanteile doch anders entwickeln, Ansatzpunkte, um Ihre ursprüngliche Einschätzung zu hinterfragen und zu klären.

PraXisBeispiel

Welche Perspektiven ergeben sich für den Fertigsuppenmarkt? - Wie wird sich der Markt entwickeln? - Welche Strukturen wird der Markt voraussichtlich in drei Jahren haben? - Werden die Trends für die nächste Periode anhalten?

... die nächsten Schritte: Wie hoch ist das Marktpotential in drei Jahren (wertmäßig/mengenmäßig)?

Die folgenden Trends sind Anhaltspunkte dafür, daß sich das Marktpotential langfristig ausweiten wird:

- Steigende Anzahl von Single-Haushalten
- Steigende Anzahl von Kleinhaushalten
- Steigendes Ernährungsbewußtsein (Hochwertige Qualitätsprodukte)

- Verstärkter Einsatz von hochqualitativen Produkten, die im modernen Haushalt rasch zubereitet werden können.

Fakten

Im dritten Jahr wird das Marktpotential ca. 145.000 Einheiten betragen.

... die nächsten Schritte: Wie hoch ist das Marktvolumen in drei Jahren (wertmäßig/mengenmäßig)?

Aufgrund der Einschätzung des Marktpotentials, das einerseits nicht ausgeschöpft ist und andererseits noch Steigerungspotentiale beinhaltet, können die prognostizierten Wachstumsraten für das Marktvolumen fortgeschrieben werden (Quelle: Marktstudien, Mitbewerbsforschung, Kundenforschung etc.).

Marktperspektiven 1996 - 1999			
Produktsegmente	**Absatz 1996**	**Absatz 1999**	**Marktwachstum Absatz in %**
Premium-Trockensuppen	9.600	16.000	67%
Tiefkühlsuppen	1.500	5.200	247%
Standard-Trockensuppen	85.000	89.500	5%
Dosensuppen	2.020	2.120	5%
Summe Produktsegmente	**98.120**	**112.820**	**15%**
Marktpotential:	140.000	140.000	0%
Marktvolumen:	98.120	103.000	5%
Marktsättigung in %	**70%**	**74%**	

Die mengenmäßigen Marktperspektiven für den Fertigsuppenmarkt in drei Jahren

Die Marktperspektiven zeigen, daß sich das Segment Tiefkühlsuppen fast verdreifachen kann. Die Ausweitung des Marktvolumens geht zu Lasten der Standard-Trockensuppen (Päckchen-Suppen).

Aufgrund der hochwertigen Produkte im Premium-Trockensuppen-Bereich bei den Tiefkühlsuppen erfolgt eine Verlagerung des Marktvolumens wertmäßig zugunsten der Premium-Segmente.

... die nächsten Schritte: Welchen Anteil in % werden die Marktsegmente haben?

Marktperspektiven 1999				
Produktsegmente	**Volumen in ECU**	**Volumen Anteil in %**	**Absatz in Tonnen**	**Absatz-Anteil in %**
Premium-Trockensuppen	155.000	14%	17.500	15%
Tiefkühlsuppen	128.000	11%	7.800	7%
Standard-Trockensuppen	820.000	72%	91.000	77%
Dosensuppen	28.700	3%	2.120	2%
Summe Produktsegmente	**1.131.700**	**100%**	**118.420**	**100%**
Marktpotential:	1.400.000		140.000	
Marktvolumen:	1.131.700		118.420	
Marktsättigung in %	**81%**		**85%**	

Die Anteile der einzelnen Produktsegmente für den Fertigsuppenmarkt in drei Jahren

... die nächsten Schritte: Welche Erfolgsfaktoren werden relevant sein? - Hat sich die Reihenfolge verändert?

Langfristig bestätigen sich die hochwertige Produktqualität und der Geschmack.

Die Preiswürdigkeit der Produkte ist erforderlich, damit ein gewisser Preisabstand zu den Standardprodukten eingehalten wird.

... die nächsten Schritte: Wie wird sich die Mitbewerbsstruktur in drei Jahren darstellen?

Aufgrund der hohen Eintrittsbarrieren ist in den nächsten Jahren mit keinem Neueintritt von Mitbewerbern zu rechnen. Aufgrund der bestehenden Konzentration wird sich der Mitbewerb jedoch verstärken. Mit einer weiteren Konzentration ist zu rechnen.

... die nächsten Schritte: Welche Marktanteile werden die einzelnen Mitbewerber wahrscheinlich haben?

Die Marktanteile der Mitbewerber werden wie folgt zu erwarten sein:

Marktanteile 1999					
Rangreihe	Mitbewerber	Umsatz in 1000	Marktanteil Umsatz in %	Absatz in Tonnen	Marktanteil Absatz in %
1	Mitbewerber A	188.100	18%	19.000	19%
2	Mitbewerber B	79.200	8%	8.000	8%
3	Mitbewerber C	49.500	5%	5.000	5%
4	Mitbewerber D	76.800	8%	6.400	7%
5	Mitbewerber E	50.400	5%	4.200	4%
6	Eigenes Unternehmen	98.450	10%	5.500	6%
7	Mitbewerber G	40.800	4%	3.400	3%
8	Mitbewerber H	31.680	3%	3.200	3%
9	Mitbewerber I	28.710	3%	2.900	3%
10	Mitbewerber G	27.720	3%	2.800	3%
	Marktabdeckung TOP 10	**671.360**	**66%**	**60.400**	**62%**
	Marktvolumen	**1.022.490**		**98.120**	

Die geschätzten Marktanteile der Mitbewerber im Fertigsuppenmarkt in drei Jahren

Fakten

Die Premium-Segmente (Premium-Suppen und Tiefkühlsuppen) gehören zu den Marktsegmenten mit den größten Wachstumschancen (wertmäßig und mengenmäßig) für die nächsten drei Jahre.

Die Mitbewerbssituation wird sich in den nächsten drei Jahren weiterhin verschärfen. Schwächere Mitbewerber, vor allem im Standardsegment, werden Marktanteile verlieren.

2.1.4. Die Dokumentation für den Marketingplan

Für die Dokumentation des Marketingplanes verwenden Sie die folgenden Tabellen (Abbildungen):

Markt:

- Marktvolumen/Marktpotential
- Marktperspektiven
- Trends - die wichtigsten Fakten
- Mitbewerbsanteile
- Mitbewerbsaktivitäten - die wichtigsten Fakten

Mit diesen ausgewählten Tabellen und Aussagen erhalten Sie einen raschen Überblick über die Marktstrukturen, die Marktentwicklung und die Marktanteile der Mitbewerber.

Vergleichen Sie die Darstellung im Abschnitt 2.4. Dokumentation für das Musterbeispiel Tiefkühlsuppen.

2.1.5. Die Fakten

Fakten

Die **Marktsättigung** beträgt ca. 73 % wertmäßig und 70 % mengenmäßig. Für die nächsten Jahre ist daher noch ein Marktwachstum zu erwarten.

Im dritten Jahr wird das Marktpotential ca. 145.000 Einheiten betragen.

Der **relevante Markt** des Unternehmens ist ein Wachstumsmarkt. Das Marktpotential ist weder in mengenmäßiger noch in wertmäßiger Hinsicht ausgeschöpft.

Der Gesamtmarkt wird in der nächsten Periode um ca**. 5 % wachsen**.

Die TOP 10 Mitbewerber decken bereits über 60 % des Marktvolumens ab. Die **hohe Konzentration** zeigt die oligopolistische Marktstruktur hinsichtlich der Mitbewerber.

Die **Premium-Segmente** (Premium-Suppen und Tiefkühlsuppen) gehören zu den Marktsegmenten mit **den größten Wachstumschancen** (wertmäßig und mengenmäßig) für die nächsten drei Jahre.

Die **Mitbewerbssituation** wird sich in den nächsten drei Jahren weiterhin verschärfen. Schwächere Mitbewerber, vor allem im Standardsegment, werden Marktanteile verlieren.

Der Strukturbereich stellt das Umfeld für das Unternehmen dar. Strukturen und Entwicklungen, die in diesem Bereich falsch eingeschätzt werden, können für das Unternehmen ins Auge gehen. Sicherlich wird niemand von Ihnen dieser Aussage widersprechen.

Mangelnde Datenqualität in der Praxis

Leider zeigt die Praxis hier ein völlig anderes Bild. Über Marktstrukturen, Marktperspektiven, Mitbewerber etc. sind oft keine Daten verfügbar.

Besonders in Industrien, in denen die Entwicklungen der Kapazitäten entscheidend sind, kann die mangelnde Information zu existenz-gefährdenden strategischen Entscheidungen führen.

Dabei würden einfache Excel-Tabellen mit der Auflistung von Mitbewerbern und ihrer Kapazitäten oft ein deutliches Warnsignal geben.

Kalkulieren statt glauben

Viele Manager stehen immer noch auf dem Standpunkt, daß gute Ideen aus dem Bauch kommen. Fallweise kann das passieren. Die Statistik beweist das Gegenteil. 70 (siebzig!) Prozent dieser Entscheidungen gehen schief. Die Praxis (Statistik) spricht für die sorgfältige Kalkulation.

Die Investition in ein systematisches und professionelles Marketingplanungssystem lohnt sich!

2.2. Die Bearbeitung des Strukturbereiches Kunden

2.2.1. Die Kundenstruktur

2.2.2. die Kundentrends

2.2.3. Die Kundenperspektiven

2.2.4. Die Dokumentation für den Marketingplan

2.2.5. Die Fakten

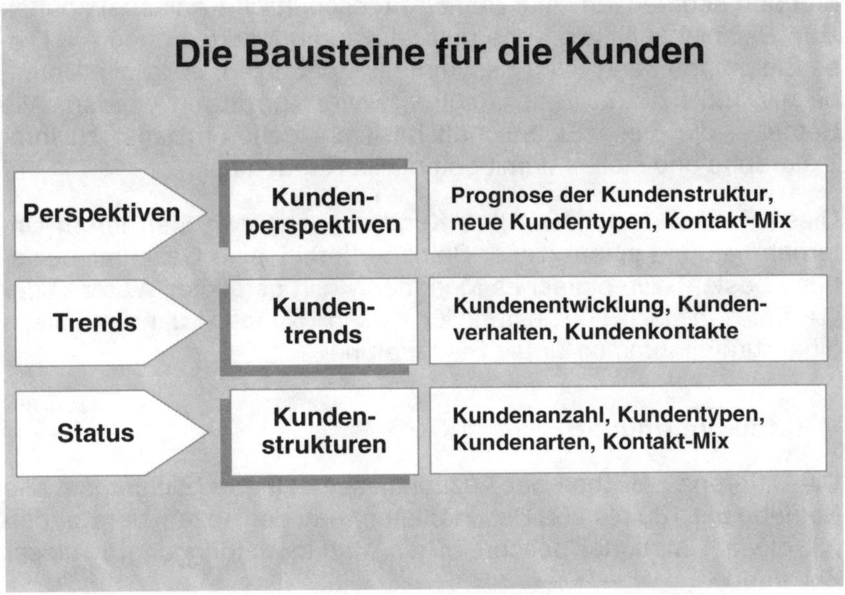

Die Bausteine für den Strukturbereich Kunden

Die Kunden stellen eine direkte Beziehung zwischen Ihrem Unternehmen und dem Markt dar. Die Kunden sind auch ein Teil des Marktes. Für Ihr Unternehmen der wichtigste Teil des Marktes, da

Sie mit Ihren Kunden ständig in Kontakt stehen. Telefonkontakte, Besuchskontakte, Lieferkontakte etc.

Ihre Kunden machen mit Ihren Produkten und Leistungen ständig Erfahrungen. Rückmeldungen, die Sie von Ihren Kunden erhalten, haben daher einen hohen Stellenwert.

Alle diese Gründe sprechen dafür, sich Ihre Kunden bei der Entwicklung des Marketingplanes besonders genau anzusehen.

Zielgruppen versus Kunden

Wann sprechen wir von Zielgruppen, wann sprechen wir von Kunden? - Weshalb ist dieser Unterschied so wichtig?

Im Marktbereich haben wir die Märkte unter anderem nach Zielgruppen segmentiert. Alle Betriebe (geschäftliche Anlässe) können zum Beispiel zur Zielgruppe des relevanten Marktes gehören. Diese Zielgruppe kann nach bestimmten Merkmalen, etwa alle Betriebe mit 100 bis 250 Beschäftigten, weiter spezifiziert werden. Alle Betriebe, die diese Eigenschaft besitzen, gehören daher zu Ihrer Zielgruppe und stellen damit potentielle Kunden dar.

Diese Betriebe sind dann Ihre Kunden, wenn zwischen Ihrem Unternehmen und einem dieser Betriebe bereits eine Geschäftsbeziehung besteht. Ein einfaches Merkmal ist ein getätigter Waren- oder Geldfluß. In der EDV besteht für diesen „Kunden“ dann meistens eine Kundennummer für die Fakturierung.

Marktdurchdringung

Die Differenz zwischen der Anzahl dieser Betriebe (Zielgruppe: alle Betriebe mit 100 bis 250 Beschäftigten) und der Anzahl der Kunden mit diesem Merkmal beschreibt die Marktdurchdringung in dieser Zielgruppe.

Auf dieser Basis können Sie sich für die Neukundenakquisition (neue Kunden gewinnen) oder für eine Kundenbindungsstrategie entscheiden.

In diesem Beispiel sind die Betriebe der Zielgruppe ident mit Ihren Kunden. In vielen Branchen ist das nicht der Fall. Für ein Markenartikelunternehmen sind relevante Zielgruppen oft Endverbraucher, die Kunden des Unternehmens aber die Handelsketten und Großhandelsunternehmen.

Diese Unterscheidung hat gravierende Konsequenzen für die Marketinginstrumente. Die genaue Differenzierung, die in der Praxis nicht immer üblich ist, gewinnt im EDV-Zeitalter ebenfalls an Bedeutung.

Für die Umsetzung von Dialog- und Database-Marketing ist die genaue, auch sprachliche Differenzierung entscheidend. Die Systematik ist direkt für den Aufbau von elektronischen Informations- und Kommunikationssystemen relevant.

Analog zur Bearbeitung des Marktes werden in diesem Kapitel die Bereiche Kundenstruktur, Kundentrends und Kundenperspektiven behandelt.

2.2.1. Die Kundenstruktur

Umsatz- und Deckungsbeitragsanalysen sind wichtige Dimensionen für die Analyse der Kundenstrukturen. In der gegenwärtigen Diskussion über Total Quality Management und Servicequalität sind diese Strukturanalysen aber nicht mehr ausreichend. Die Kundenanalysen umfassen auch die Kundentypen und die Kundenarten etc. Der Klassiker, die ABC-Kundenanalyse, hat dabei in ihrer Bedeutung nichts verloren.

Welche wichtigen Fragen sollten Sie sich für die Behandlung dieses Abschnittes stellen?

? **Wie hoch ist die Anzahl der Kunden in Ihrem Unternehmen?**

Wie hoch ist die Umsatzkonzentration, d.h., wieviele Kunden (Anzahl) erreichen 80 % des Umsatzes?

Wie hoch ist die Deckungsbeitragskonzentration, d.h., wieviele Kunden (Anzahl) erreichen 80 % des Deckungsbeitrages?

Wie verteilen sich die Kunden auf die Absatzgebiete?

Welche Kundentypen gibt es? - Wie hoch ist der Anteil der jeweiligen Kundentypen an der Gesamtanzahl?

Wie hoch ist der Umsatz-, Absatz- und Deckungsbeitragsanteil der einzelnen Kundentypen?

Welche Kundenarten gibt es? - Wie hoch ist der Anteil der jeweiligen Kundenarten an der Gesamtanzahl?

Wie hoch ist der Umsatz-, Absatz- und Deckungsbeitragsanteil der einzelnen Kundenarten?

Welche Kundensegmente gibt es? - Nach welchen Merkmalen werden Sie gebildet?

Wie hoch ist die Kontaktanzahl? - Welche Kontaktarten gibt es?

Wie ist der Kontakt-Mix für unterschiedliche Kundenklassen, Kundentypen und Kundenarten?

Wie zufrieden sind Ihre Kunden? - Wie wird die Kundenzufriedenheit gemessen?

Daten Quellen

Welche Datenquellen stehen Ihnen für die Beantwortung der Fragen zur Verfügung?

Extern:	Branchenvergleiche, Servicequalitätsstudien etc.
Intern:	Kundendatenbanken, Kundenstatistiken, Umsatz-,

	Absatzstatistiken, Vertriebsstatistiken etc.
Atypisch:	Benchmarking, Mystery Shopping, Kundenforschung für Servicequalitätsstandards etc.

Die ABC-Kundenanalyse

Bei der ABC-Kundenanalyse werden die Kunden aufgrund Ihrer Umsatzgröße sortiert. Die Anzahl der Kunden, mit der zum Beispiel 80 % des gesamten Umsatzes erreicht werden, gibt Aufschluß über Ihre Kundenkonzentration. Natürlich können diese Analysen auch nach Absatz (mengenmäßig) oder nach Deckungsbeitrag durchgeführt werden.

Kundenanzahl

Eine wichtige Analyse wird dabei ebenfalls gleichzeitig durchgeführt: Wie hoch ist eigentlich die Anzahl der Kunden?

Vielfach ist in der Praxis die Datenquelle für diese Analyse die Finanzbuchhaltung. Diese ist aus mehreren Gründen für Marketingzwecke ungeeignet.

Erstens beinhaltet die Finanzbuchhaltung auch Stammdaten von Firmen, die nicht mehr existent sind (auch nach der Auflösung einer Kundenbeziehung wird das Konto mindestens ein Jahr in der Buchhaltung aufrechterhalten). Zweitens werden Kunden oft nach Filialnummern oder Fakturierungsadressen dargestellt, nicht jedoch nach Kundengruppen oder Einkaufszentralen, die für den Marketingbereich relevant sind.

Es ist daher notwendig, eigene marketingorientierte Kundendatenbanken aufzubauen. Dies ist insbesondere dann erforderlich, wenn Sie die Kundenanalyse ebenfalls nach Kundentypen und Kundenarten durchführen.

Kundentypen

Die Festlegung von Kundentypen für Ihr Unternehmen bietet eine zusätzliche, für eine fundierte Analyse auch notwendige Differenzierung Ihrer Kunden. Die Kundentypen können in Branchen und Unternehmen sehr unterschiedlich sein. Folgende Kundentypen kommen am häufigsten vor:

- Konsumenten, Endverbraucher
- Profit-Organisationen
- Großhandel
- Filialunternehmen
- Einzelhandel
- Non-profit-Organisationen
- Öffentlicher Bereich (Ämter, Behörden)
- Referenzkunden

Endverbraucher benützen und kaufen das Produkt selbst. Denken Sie an den Kauf eines Urlaubes, den Sie als Privatkunde selbst als Kunde beim Reisebüro tätigen. Für das Reisebüro sind Sie Endverbraucher.

Profit-Organisationen

Firmen (privat oder öffentlich) repräsentieren diesen Kundentyp. Das Kaufverhalten ist von wesentlich anderen Aspekten geleitet als beim Konsumenten. Wer in diesem Kundenbereich nicht Schiffbruch erleiden möchte, sollte sich vor allem mit dem Kaufrollenverhalten und der Entscheidungsfindung sowie der Kaufabwicklung bei diesem Kundentyp auseinandersetzen.

Je nach Branche kann es unterschiedliche Ausprägungen der Profit-Organisationen geben. Zu unterscheiden sind Direktkunden und Handelskunden. Auch hier kann es unterschiedlichste Formen geben.

Großhändler

Großhändler besitzen ihrerseits ein Vertriebsnetz von Wiederverkäufern, das die vom Großhändler (en gros) einkauften Leistungen vertreibt. Großhandelszentralen verhandeln mit der Industrie über Jahresabschlüsse und verteilen diese dann an ihre angeschlossenen Einzelhändler. Die Betreuung dieser Großhändler oder Einkaufszentralen erfolgt durch die Industrie durch Key Account Manager. Die spezifischen Anforderungen dieser Kunden hat auf der Seite der Markenartikelhersteller zur Entwicklung von Handelsmarketing geführt. Nicht selten ist ein „Großabnehmer“ der relevante Markt für ein Unternehmen, das sich nur auf diesen einen Kunden spezialisiert hat.

Non-profit-Organisationen

Ein sehr schwieriger, aber auch sehr zukunftsweisender Kundentyp sind Non-profit-Organisationen. Wenn man nur daran denkt, daß jeder kleinere Ort in Österreich, Deutschland und der Schweiz eine Freiwillige Feuerwehr, einen Sportklub, eine Sängerrunde und gewiß auch eine Damenturnrunde vorzeigen kann, erkennen Sie das Potential dieser Kundentype ganz deutlich. Erfolgreicher Vertrieb der Tourismusprodukte ist daher nur dann möglich, wenn man sich mit den entsprechenden Kaufentscheidungsprozessen auseinandersetzt.

Für die Kundenstrukturanalyse ist eine einheitliche Festlegung der in Ihrem Unternehmen verwendeten Kundentypen erforderlich.

Kundenarten

Kundenarten beziehen sich auf den Kaufstatus, den die Kunden zum Unternehmen einnehmen. Üblicherweise wird zwischen Neukunden, Kunden und Stammkunden unterschieden. Auch die Einführung einer Kundenart Großkunde kann für verschiedene Branchen zweckmäßig sein.

Von der „Kalten Adresse“ zum Kunden.

Am Beginn einer Neukundenakquisition steht oft der Zukauf von Adressen eines Adreßverlages oder einer Agentur. Adressen von Firmen oder Personen einer Zielgruppe, die noch keinerlei Kontakt mit Ihrem Unternehmen hatten, werden als „Kalte Adressen“ bezeichnet. Diese sollten zunächst qualifiziert werden.

Interessiert sich eine Person für Ihre Produkte, spricht man von einem Interessenten. Will der Interessent ein Angebot, befinden wir uns in der Verkaufsphase und bezeichnen den potentiellen Kunden als Kauf-Interessent. Wenn tatsächlich ein Verkaufsabschluß erfolgt, haben Sie einen neuen Kunden gewonnen. Damit ergeben sich folgende Kundenarten für Ihren Marketingplan:

- „Kalte Adressen“
- Interessenten
- Kauf-Interessenten
- Neukunden
- Kunden
- Stammkunden

Die Verwendung der Kundenarten hängt stark von der jeweiligen Branche ab. In Projektgeschäften, zum Beispiel Telefonanlagen, durchlaufen Sie vor jedem Geschäftsabschluß diese Phasen. Hat der Kunde sich für Ihre Telefonanlage entschieden, wird er diese erst nach einigen Jahren wieder ersetzen. Für den Verkäufer beginnt die Suche nach „Leads“ (Kunden, die für eine Telefonanlage einen aktuellen Bedarf haben) wieder aufs neue.

Als Produzent von Nahrungsmitteln haben Sie oft nur wenige Key Account Kunden. Mit diesen Zentraleinkäufern werden Jahresabschlüsse getätigt. Die Umsetzung der Verträge erfolgt dann durch die jeweiligen dezentralen Organisationen. Die regelmäßigen Lieferungen werden durch die Logistikabteilungen abgewickelt. Die Kundenbeziehung ist hier grundsätzlich immer intakt. Die Kontakte werden stets neu verhandelt. Der Selektionsprozeß von der „Kalten

Adresse“ bis zum Verkaufsabschluß trifft in dieser Branche für den Handelsbereich nicht zu.

Sehr wohl kann auch für Markenartikelunternehmen die Akquisition in mehreren Stufen relevant sein, wenn zum Beispiel die Gastronomie beliefert wird. Hier gelten ähnliche Betrachtungsweisen wie im Projektgeschäft.

Durch die Bestimmung der Kundenarten werden wesentliche Vorentscheidungen für die Bearbeitung der Märkte und der Kontaktstrategien getroffen. Mit welchen Kontakten werden welche Kundensegmente bearbeitet? Welcher Kontakt-Mix ist der effizienteste?

Kundenkontakte

Der Aufbau von Markenartikeln wird sehr stark mit der Präsenz der klassischen Medien, Radio und Fernsehen, in Verbindung gebracht. Die Markenartikelindustrie, vor allem im Konsumgüterbereich, hat diese Medien konsequent für den Aufbau der Marketingbekanntheit und für das Image einer Marke verwendet.

Die klassischen Medienkontakte

Die Medienkontakte wurden durch die leistungsfähige Computertechnologie durch Direct-mail und Telefonkontakte ergänzt. Kundendatenbanken sind die Voraussetzung dafür, daß die anonyme Zielgruppe direkt als identifizierter Personenkreis angesprochen wird.

Diese Vorgehensweise gilt nicht nur für den Direktvertrieb, sondern zusehends auch für Konsumgüter. Hersteller von Tiernahrung treten heute direkt mit ihren Endverbrauchern in Kontakt. Obwohl der Kaufabschluß mit dem Handelspartner erfolgt, wird zwischen Hersteller und Endverbraucher ein direkter Kontakt aufgebaut. Dies geschieht durch Gewinnspiele, Produkttests etc. Modernste Datenbanken erlauben heute den Aufbau und die Pflege von Kundenbeziehungen auch für Millionen von Endverbrauchern.

Die Entwicklung der Elektronik kennt keine Grenzen. Wir sind heute beim E-Mail, auf dem Superhighway, und das interaktive Fernsehen steht bereits mit einem Fuß im Wohnzimmer.

Kontaktarten

Bei der Entwicklung des Marketingplanes ist daher die ganze Bandbreite der Kontaktarten zu berücksichtigen:

- Medienkontakte
- Direct-mails
- Telefonkontakte
- Besuchskontakte
- E-Mail-Kontakte
- Online-Kontakte (Internet etc.)

Natürlich ist der Kauf oder der Abschluß eine Zielsetzung in den Kundenbeziehungen. Der Weg bis hin zum Kauf ist jedoch mit Zwischenschritten versehen. In diesem Sinne werden verschiedene Phasen unterschieden:

Die Phasen im Akquisitionsprozeß

- Bekanntheit schaffen
- Produktkenntnis vermitteln
- Interesse schaffen
- Bevorzugung erzeugen/überzeugen
- Kaufabschluß
- Intensivierung/Betreuung/Kundenbindung

Diese Phasen haben eine grundlegende Bedeutung für die Planung der Kontakte und die Kontaktstrategie im Rahmen eines Marketingplanes. De facto sollte für jede Produktgruppe ein Kontaktplan für die einzelnen Phasen erstellt werden.

Bei den Kundenarten geht man grundsätzlich von einer Zielgruppe aus. Die Zielgruppe ist jedoch „anonym" und kann letztendlich nur mit großen Streuverlusten angesprochen werden. Die „Papierkorbquote" liegt bei Direct-mail-Aktionen immer noch zwischen 95 und 98 %.

Die Zielsetzung des ersten Schrittes sollte daher sein, aus anonymen Zielgruppenmassen jene Interessenten zu selektieren, aus denen neue Kunden gewonnen werden können.

Kundenart:	Zielsetzung
Kalte Adresse:	Bekanntheit/Interesse zu schaffen
Interessenten:	Bevorzugung zu erzeugen
Kauf-Interessenten:	Zielsetzung ist der Kaufabschluß
Neukunden:	Zielsetzung ist die Intensivierung
Kunden:	Zielsetzung ist die Betreuung
Stammkunden:	Zielsetzung ist die Kundenbindung

Die Akquisitionsprozesse sollten ebenfalls auf die Darstellung der Kundenarten/Interessentenarten abgestimmt werden. Die Abstimmung der Kundenarten mit den Akquisitionsprozessen ist schon allein deshalb wichtig, weil damit eine Grundlage für die Kontaktsteuerung im Service-Marketing ermöglicht wird.

Kundenzufriedenheit

Die Qualitätsdiskussion ist in der Praxis nicht mehr aufzuhalten. Das ist eine positive Entwicklung, denn die Zufriedenheit Ihrer Kunden ist unmittelbar mit den Erfolgen Ihres Unternehmens verbunden.

Servicequalität sollte ebenso geplant, umgesetzt und gesteuert werden, wie es im Umsatz- und Deckungsbeitragsbereich üblich ist.

Voraussetzung für die erfolgreiche Einführung einer Qualitätssteuerung, zum Beispiel für die Messung der Kundenzufriedenheit, ist der Marketingplan. Die darin festgehaltenen Strukturen (Zielgruppen, Produktsegmente, Kundentypen, Kundenarten etc.) bilden die Grundlagen für das Servicequalitäts-Management. Für unterschiedliche Kundentypen, wie etwa Firmenkunden, gelten andere Servicequalitätsstandards als für Privatkunden. Nur auf der Basis von klar festgelegten Strukturen sind erfolgreiche Qualitätsmodelle in der Praxis durchführbar. Überprüfen Sie deshalb zuerst gewissenhaft, ob diese Voraussetzungen gegeben sind.

Ohne diese Strukturen, die im Marketingplan ebenfalls festzulegen sind, findet die Qualitätsdiskussion keinen festen Boden in der Organisation. Die Qualitätsversprechen bleiben dann für Ihr Unternehmen, und in weiterer Folge für Ihre Kunden, Worthülsen.

Kundendatenbanken

Rien ne va plus. Nichts geht mehr ohne Kundendatenbanken. Die Elektronik bringt den „Tante-Emma-Laden“ für Tausende Kunden in Ihr Unternehmen. Millionen von Daten können heute mit geringem Kostenaufwand gespeichert werden. Informationen über den letzten Kundenkontakt, über Interessen der Kunden etc. sind in Bruchteilen von Sekunden auf dem Bildschirm. Die Umsetzung von Kundenzufriedenheit erfordert Hochtechnologie im Unternehmen.

PraXisBeispiel

Im Markenartikelbereich für Konsumgüter wird die Produktbotschaft an die Zielgruppe, zum Beispiel Endverbraucher, gerichtet. Die klassischen Medien Fernsehen, Radio etc. werden dafür eingesetzt.

Der Verkauf der Produkte erfolgt jedoch an die Handelsketten oder Filialunternehmen. Die Kunden eines Markenartikelherstellers sind daher die Handelsketten. Mit diesen Kunden findet der Waren- und Geldaustausch statt.

Die Zwischenstufe Handel hat deshalb im Markenartikelbereich zu der Ausprägung von Handelsmarketing geführt. Für diese wichtige Problematik finden Sie eigene Publikationen.

... der nächste Schritt: Wie hoch ist die Anzahl der Kunden in Ihrem Unternehmen?

Der Hersteller für Tiefkühlsuppen hat insgesamt 39 Kunden. Die 39 Kunden (Zentral- und Großkunden) verfügen über ein Filialnetz von ca. 7500 Kunden.

... der nächste Schritt: Wie hoch ist die Umsatzkonzentration, d.h., wieviele Kunden (Anzahl) erreichen 80 % des Umsatzes?

Die Konzentration der Kunden ist im Handelsbereich sehr hoch. Auch bei unserem Tiefkühlkosthersteller ist die Umsatzkonzentration der wichtigsten acht Kunden bereits 85 %.

Diese hohe Konzentration in der Kundenstruktur hat bereits vor Jahren in der Nahrungsmittelindustrie zur Einführung von Key Account Managern, die jeweils für einen Kunden zuständig sind, geführt.

Die Kundenkontakte erfolgen zu den Kunden daher über den direkten Vertrieb, d.h. über die Key Account Manager und regionalen Verkaufsorganisationen.

... nächste Schritte: Analyse der Kundenstruktur

Im Markenartikelbereich hängen die folgenden Fragen unmittelbar mit Handelsmarketing und Key Account Management Systemen zusammen. Diese spezielle Problematik wollen wir an dieser Stelle nicht umfassend behandeln. Einige Ergebnisse stellen wir dar:

Kundentypen des Markenartikelherstellers

Welche Kundentypen gibt es? - Wie hoch ist der Anteil der jeweiligen Kundentypen an der Gesamtanzahl?

Kundentypen 1996			
Kundentypen	**Bezeichnung**	**Anzahl Kunden**	**Anzahl Filialen**
Kundentyp 1	Regionale Direktkunden	10	0
Kundentyp 2	Überregionale Direktkunden	15	0
Kundentyp 3	Regionale Filialisten	3	1.800
Kundentyp 4	Regionale Großhändler	4	2.200
Kundentyp 5	Key Account Kunden	7	3.500
Summe Kunden		**39**	**7.500**

Die Anzahl der Kunden je Kundentyp für den Tiefkühlsuppenhersteller

Die Tabelle zeigt, daß für den Markenartikelhersteller wenige zentrale Einkaufsstellen relevant sind. Die Anzahl der Filialen, die an die Großkunden, Filialisten etc. angeschlossen sind, betragen mehr als 7500. Die Filialen sind nur teilweise „Kunden" des Herstellers, da die Fakturierung oft direkt mit den Einkaufszentralen erfolgt.

Kontaktanzahl des Markenartikelherstellers

Wie hoch ist die Kontaktanzahl? - Welche Kontaktarten gibt es?

Auch im Markenartikelbereich hat der klassische Tourenplan ausgedient. Wenige Direktkunden, die noch im Kundenportfolio verblieben sind, werden mit Direct-mail- und Telefonmarketingkontakten betreut.

Bei Zentralorganisationen und Filialisten werden oft nur mehr mit den Einkaufszentralen Verträge abgeschlossen. In den Filialen werden vom Außendienst keine Kundenbesuche vor Ort mehr durchgeführt. Die Aufgaben des Vertreters haben sich deshalb in diesem Markt gravierend geändert. Einerseits wurden in den Märkten Merchandisingfunktionen (Regalbetreuung durch die Industrie) anstelle des Vertreterbesuches eingeführt. Andererseits haben sich die Vertreter zu regionalen Großkundenbetreuern weiterentwickelt. Damit verbunden wurden andere moderne Kontaktsteuerungsinstrumente, anstelle des traditionellen Tourenplanes, eingesetzt.

... nächster Schritt: Wie ist der Kontakt-Mix für unterschiedliche Kundenklassen, Kundentypen und Kundenarten?

In dieser Tabelle ist der Kontakt-Mix für den Markenartikelhersteller für seine Kunden sichtbar. Klassische Medien werden für die Kontakte zum Handel nicht eingesetzt. Diese Kontaktinstrumente werden für die klassische Markenartikelwerbung gegenüber dem Endverbraucher (Zielgruppe) eingesetzt.

Istkontakte - Kundentypen - 1996					
			Istkontakte		
Kundentypen	**Klassische Medien**	**Direct-mail**	**Telefon**	**Besuche**	**Summe**
Regionale Direktkunden		400	200	40	**640**
Überregionale Direktkunden		600	300	60	**960**
Regionale Filialisten			7.000	1.200	**8.200**
Regionale Großhändler			12.000	400	**12.400**
Key Account Kunden			14.000	800	**14.800**
Gesamtsumme	**0**	**1.000**	**33.500**	**2.500**	**37.000**

Die Anzahl der Kontakte je Kontaktart

... nächster Schritt: Wie zufrieden sind Ihre Kunden? - Wie wird die Kundenzufriedenheit gemessen?

Beim Markenartikelhersteller wird die Kundenzufriedenheit jährlich gemessen. Eingesetzt werden Kundenbefragungen für die wichtigsten Qualitätsdimensionen.

Generell werden beim Markenartikelhersteller gute Zufriedenheitswerte bei den Kunden erzielt. Ansatzpunkte sind hinsichtlich der Verläßlichkeit bei der Einhaltung der Liefertermine gegenüber dem Handel.

Die Dimension Einfühlungsvermögen bezieht sich auf die Flexibilität hinsichtlich kundenspezifischer Anforderungen.

Kundenzufriedenheit 1996			
Determinanten der Servicequalität	**Kunden-erwartung von 1 bis 5**	**Kunden-erfahrung von 1 bis 5**	**Differenz-wert**
Verläßlichkeit	1	3	-2
Einsatzbereitschaft	2	2	0
Freundlichkeit/Kompetenz	2	1	1
Einfühlungsvermögen	2	3	-1
Äußeres Erscheinungsbild	4	3	1
Produktangebot	2	1	1

Die Ergebnisse der Kundenzufriedenheit für die Servicequalitätsdimensionen des Tiefkühlherstellers

2.2.2. Kundentrends

In der Kundenstrukturanalyse wurde die Basis für die Betrachtung der Trends gelegt. Auf dieser Basis kann jetzt für die einzelnen Kundenklassen, Kundengruppen, Kundentypen und Kundenarten etc. eine Trendanalyse durchgeführt werden.

Für die Trendanalyse sind nicht nur die aktuellen Strukturdaten, sondern auch die Daten der vergangenen Jahre relevant. Marketingdatenbanken ermöglichen die Durchführung von Zeitreihenanalysen für die Hochrechnung von Trends.

?Wichtige Fragen

Welche wichtigen Fragen sollten Sie sich für die Behandlung dieses Abschnittes stellen?

? **Wie verändert sich die Anzahl Ihrer Kunden? - Haben Sie neue Kunden gewonnen oder Kunden an den Mitbewerb verloren?**

Hat sich die Umsatzkonzentration in Ihrer Kunden-

struktur verändert?

Hat sich die Deckungsbeitragskonzentration in Ihrer Kundenstruktur verändert?

Hat sich die Verteilung der Interessenten/Kunden auf die Absatzgebiete verändert?

Gibt es neue Kundentypen? - Hat sich die Anzahl der Kunden innerhalb der einzelnen Typen verändert?

Welche Veränderungen gibt es hinsichtlich Umsatz-, Absatz- und Deckungsbeitragsanteile in den einzelnen Kundentypen?

Hat sich die Verteilung der Interessenten/Kunden innerhalb der einzelnen Kundenarten verändert?

Wie hat sich die Kontaktanzahl verändert? - Welche Veränderungen der Kontakte ergeben sich hinsichtlich der einzelnen Kontaktarten?

Welche Veränderungen gibt es im Kontakt-Mix für unterschiedliche Kundenklassen, Kundentypen und Kundenarten?

Wie hat sich die Kundenzufriedenheit entwickelt? - Welche Veränderungen der Kundenzufriedenheit gibt es hinsichtlich der Kundentypen und Kundenarten?

Daten Quellen

Welche Datenquellen stehen Ihnen für die Beantwortung der Fragen zur Verfügung?

Extern:	Studien über Kundenverhalten, Trendforschung, Branchenvergleiche, Servicequalitätstrends etc.
Intern:	Trendanalysen, Zeitreihenanalysen für bestehende

	Kundendaten, Reklamationslisten der Kunden etc.
Atypisch:	Produktentwicklung mit Kunden, Online-Chats auf dem Superhighway

Trends für Kundenklassen

Die Kundenklassen der ABC-Kundenstrukturanalyse sind die erste Basis für die Untersuchung der Kundentrends.

Trends für Kundentypen und Kundenarten

Für die Dimensionen Umsatz, Absatz und Deckungsbeitrag wird auch in diesem Bereich die Trendanalyse durchgeführt, um erste Aussagen für die zukünftige Entwicklung zu bekommen.

Ebenso führen Sie diese Trendanalyse für die Kundentypen und Kundenarten durch. Dadurch erhalten Sie konkrete Anhaltspunkte, bei welchen Ihrer Kunden, zum Beispiel Firmenkunden, Sie Stärken und Problembereiche in der Entwicklung haben.

Der Vorteil einer Analyse auf Basis der Kundentypen und Kundenarten ist die damit verbundene leichtere Eingrenzung der möglichen Problemfelder.

Vergleichen Sie diese zwei Aussagen:

Erste Aussage:

- Für Produkt X ist die Deckungsbeitragsentwicklung tendenziell rückläufig.

Zweite Aussage:

- Beim Kundentyp Direktkunden ist der Deckungsbeitrag für Produkt X negativ.

Das Beispiel stammt aus dem Büromaschinenbereich. Durch sinkende Gerätepreise konnten die teuren Vertriebskosten des direkten Außendienstbesuches nicht mehr in der Kalkulation untergebracht werden. Trotzdem wurden im Unternehmen neue Produkte, zum Beispiel Tischkopiergeräte, über den eigenen Außendienst an Direktkunden vertrieben.

Die Information „negativer" Deckungsbeitrag für Produkt X beim Kundentyp Direktkunde ist im durchschnittlichen Deckungsbeitrag des Produktes im wahrsten Sinne des Wortes untergegangen.

Je differenzierter die Informationen in Ihrem Unternehmen verfügbar sind, desto rascher können Sie Trends erkennen und rechtzeitig Steuerungsmaßnahmen ergreifen.

Für das erwähnte Beispiel wäre bereits zu einem früheren Zeitpunkt die vertriebspolitische Entscheidung, das Produkt X nur über den Fachhandel zu vertreiben, erforderlich gewesen.

Kundenkontakte

Das Beispiel aus dem Büromaschinenhandel zeigt auch die Problematik der Kontaktkosten. Der Außendienstbesuch ist der kostenintensivste Kontakt. Wesentlich kostengünstiger sind Direct-mail- und Telefonkontakte. Deshalb sollten Firmen, die einen Bedarf für das Produkt X haben, zuerst mit Direct-mail- und Telefonkontakten selektiert werden. Selbst für die Terminvereinbarung kann heute die Telefonmarketingabteilung eingeschaltet werden.

Nur bei Vorliegen eines tatsächlichen Bedarfsfalles (Kauf-Interessent) sollten die teuren Außendienstressourcen in Bewegung gesetzt werden.

Die Steuerung der Kontakte entscheidet über die Effizienz und den Erfolg der Marketing- und Vertriebsressourcen.

In der Praxis bestehen gerade in diesem Bereich noch erhebliche Einsparpotentiale. Abgesehen von den Kosten ist der Zeitfaktor wesentlich. Ein richtiger Kontakt-Mix zwischen Direct-mail, Telefon und Außendienstbesuch führt erheblich rascher zum Ziel, als eine traditionelle Tourenplanung für den Außendienst. Der Ersatz von leeren Kilometern durch gezielte Kundenkontakte ist in vollem Gange.

Die Veränderung und die Entwicklung der Kontakte je Kundentyp und Kontaktart im Auge zu behalten, ist daher die zentrale Steuerungsaufgabe im Marketingbereich.

Voraussetzung dafür ist allerdings eine Kontaktsteuerung in der Organisation, die ohne Kundendatenbank nicht möglich ist.

Wird diese Voraussetzung für die Umsetzung nicht geschaffen, werden allerdings Direct-mail-Kontaktziele im Marketingplan zur reinen Makulatur. Was nützt im Marketingplan die Zielsetzung von 3.000 Direct-mails, wenn es in der Umsetzung dann dafür kein Instrument für die Steuerung und die Response-Auswertung gibt.

E-Mail- und Online-Kontakte

Die klassischen Kontaktarten, Direct-mail, Telefon und Außendienst, werden zusehends durch E-Mail- und Online-Kontakte ergänzt. Die Geschwindigkeit, mit der diese neuen Kommunikations- und Kontaktformen in das Geschäftsleben Einzug halten, ist verblüffend. Sie können es sich als modernes Unternehmen heute nicht mehr leisten, diese Kontaktarten nicht zu nutzen.

Trends für die Kundenzufriedenheit

Ständig steigende Anforderungen der Kunden. Ihre Kunden erwarten sich mehr. Und alles sofort. Der Kunde ist König und wird sich dieser Stellung immer mehr bewußt. Wer den Wettlauf um den Kunden nicht mitmacht, nicht ständig dabei ist, neue Erwartungen zu erfüllen, wird bald keine Kunden mehr haben.

Was gestern noch eine herausragende Serviceleistung war, ist heute schon eine Selbstverständlichkeit. 24-Stunden-Service ist bald keine Besonderheit mehr.

Die erhöhten Erwartungshaltungen der Kunden zu erfüllen, gehört zu den schwierigsten Aufgaben einer Marketingorganisation.

Kundenforschung gehört zur Standardaufgabe

Die Analyse von Trends ist keine Angelegenheit mehr von Studien, die alle drei Jahre einmal durchgeführt werden. Die Kundenforschung, Mystery Shopping und Qualitätstest gehören heute zu den Standardaufgaben einer Marketingabteilung.

Systematisch sind alle Bereiche, Kundentypen, Kundenarten etc., im Hinblick auf Kundenzufriedenheit und Trends im Kundenverhalten zu überprüfen. Die Abweichungs- und Trendanalysen gehören ebenso zum alltäglichen Handwerk wie die Steuerung der Umsatz- und Deckungsbeitragskennziffern.

PraxisBeispiel

... der nächste Schritt: Wie verändert sich die Anzahl Ihrer Kunden? - Haben Sie neue Kunden gewonnen oder Kunden an den Mitbewerb verloren?

Die Anzahl der Kunden für den Lebensmittelhandel ist rückläufig. Kleine Handelsgeschäfte werden vom Markt durch leistungsfähige Ketten und Filialorganisationen verdrängt.

.... der nächste Schritt: Hat sich die Umsatzkonzentration in Ihrer Kundenstruktur verändert?

Aufgrund der Strukturveränderung im Kundenbereich Handel ist eine weitere Umsatz- und Absatzkonzentration zu erwarten.

.... der nächste Schritt: die Auswirkungen der Strukturveränderung

Die Strukturveränderungen erfordern einen weiteren Ausbau der Key Account Organisation. Handelsmarketingstrukturen sind zukünftig auch in den regionalen Märkten aufzubauen.

... der nächste Schritt: die Veränderung der Kontaktzahl

Die Verringerung der Außendienstkontakte (Besuch) wird weiterhin rückläufig sein. Die Betreuungskontakte bei regionalen Einkaufszentralen werden verstärkt. Die Außendienstmitarbeiter werden für

Auftragsabwicklungs- und Informationsfunktionen Unterstützung durch Direkt-Marketing- und Telefonmarketingabteilungen erhalten. Einverkaufsaktionen werden verstärkt durch den aktiven Telefonverkauf in der Verkaufszentrale durchgeführt.

... der nächste Schritt: Wie hat sich die Kundenzufriedenheit entwickelt? - Welche Veränderungen der Kundenzufriedenheit gibt es hinsichtlich der Kundentypen und Kundenarten?

Die Erwartungen der Kunden werden hinsichtlich der Liefergenauigkeit und Lieferpünktlichkeit zunehmen. Die Vermeidung von Logistikkosten ist hier zentrales Thema. Die Einführung von Qualitätsstandards und die Steuerung bei der Durchführung haben diesbezüglich eine hohe Priorität.

Die Ergebnisse der Servicequalitätsaktivitäten werden Bestandteil bei zukünftigen Jahresgesprächen sein (Vermeidung von Logistikkosten durch Fehllieferungen etc.).

2.2.3. Die Kundenperspektiven

Welche Ihrer heutigen Kunden werden Sie in drei Jahren noch haben? - Welche Bedeutung werden Ihre Kunden im Gesamtmarkt haben?

Werden Sie eine Akquisitionsstrategie zur Gewinnung von Neukunden oder eine Kundenbindungsstrategie starten?

Welche wichtigen Fragen sollten Sie sich für die Behandlung dieses Abschnittes stellen?

? **Wie hoch wird die Kundenanzahl in Ihrem Unternehmen in drei Jahren wahrscheinlich sein?**

Welche Umsatzkonzentration wird in Ihrer Kundenstruktur vorhanden sein?

Welche Deckungsbeitragskonzentration wird in Ihrer

Kundenstruktur vorhanden sein?

Wie wird die Verteilung von Interessenten und Kunden voraussichtlich sein?

Wie wird die Verteilung von Interessenten und Kunden in den jeweiligen Absatzgebieten voraussichtlich sein?

Welche Kundentypen wird es in drei Jahren geben?

Wie wird die Verteilung der Kunden in den einzelnen Kundentypen sein?

Wie wird die Verteilung der Umsatz-, Absatz- und Deckungsbeitragsanteile in den einzelnen Kundentypen voraussichtlich sein?

Wie wird die Verteilung der Interessenten und Kunden innerhalb der einzelnen Kundenarten voraussichtlich sein?

Wie hoch wird die Anzahl der Kontakte in drei Jahren sein? - Wieviele Kontakte werden voraussichtlich in den einzelnen Kontaktarten durchgeführt?

Wie wird der Kontakt-Mix für unterschiedliche Kundenklassen, Kundentypen und Kundenarten in drei Jahren sein?

Welchen Wert soll die generelle Kundenzufriedenheit in drei Jahren aufweisen?

Welche Werte wird die Kundenzufriedenheit für die einzelnen Kundentypen und Kundenarten voraussichtlich haben?

DatenQuellen

Welche Datenquellen stehen Ihnen für die Beantwortung der Fragen zur Verfügung?

Extern:	Studien über Kundenverhalten, Trendforschung, Branchenvergleiche, Servicequalitätstrends etc.
Intern:	Trendanalysen, Expertenteams, Szenarien auf der Basis interner Kundendaten etc.
Atypisch:	Expertensysteme für die Projektion der Kundenstrukturen

Die Prognose, wie Ihre zukünftige Kundenstruktur bei der Fortschreibung der ermittelten Trends aussehen wird, ist die eine Seite. Die andere Seite ist die Entwicklung der Zielgruppen im Markt, die diese Merkmale aufweisen.

Zielgruppen versus Kundentypen/Kundengruppen

Viele Touristikunternehmen, zum Beispiel traditionelle Kurhotels, werden mit Ihren Gästen aussterben. Einigen Unternehmern ist das gar nicht bewußt.

Die Entwicklung der Kundenstruktur sollte immer mit der Entwicklung der Zielgruppen im Markt verglichen werden. Auf diese Art und Weise haben Sie eine Kontrollmöglichkeit, ob Ihre Unternehmensentwicklung mit der Marktentwicklung konform ist.

Die zukünftige Kundenstruktur nach ABC-Kundenklassen

Die wesentliche Fragestellung bei der Betrachtung dieser Frage ist die Entwicklung der Kundenkonzentration. Wird sich Ihr Unternehmen in der Abhängigkeit von einigen Kunden befinden oder werden Sie die Kundenbasis erweitern?

Wenn sich die Kundenkonzentration erhöht, wie werden Sie mit Ihrer Organisation darauf reagieren?

Welche Kundentypen und Kundenarten wird es geben

Für die Bereiche Kundentypen und Kundenarten sind zwei Betrachtungsweisen interessant. Erstens, gibt es Veränderungen bei den Typen bzw. Arten an sich? Gibt es im Gegensatz zur Istsituation in drei Jahren einen Kundentyp Handel? Damit ist eine strategische Entscheidung darüber, ob ein indirekter Vertrieb aufgebaut werden soll, verbunden.

Neukundenakquisition versus Kundenbindung

Wenn Sie heute überwiegend bestehende Kunden betreuen, dann werden Sie nur die Kunden, Stammkunden etc. als Kundenart führen. Wenn Sie neue Produkte einführen und damit neue Zielgruppen ansprechen, kann es sein, daß der Anteil zukünftig auch Interessenten in Ihrem Bestand sind. Auch hier würde wieder eine strategische Entscheidung, neue Produkte für neue Kunden, vorliegen. Die Steuerung der Marketing- und Vertriebsressourcen würde sodann von der Kundenbindung zur Neukundenakquisition verlagert.

Zwangsläufig betrachten Sie in dieser Phase die strategischen Entscheidungen Ihres Unternehmens, oder es werden Problembereiche aufgeworfen, die strategische Entscheidungen erfordern.

Für die Entwicklung des Marketingplanes ist die kritische Betrachtung im Vordergrund. Es soll keine Neuentwicklung einer Strategie erfolgen.

Wichtige Erkenntnisse aus den Entwicklungsstufen Status, Trends und Perspektiven sollten jedoch festgehalten und im Rahmen der Strategieentwicklung behandelt werden.

PraXisBeispiel

Bedeutend sind aufgrund der Strukturveränderung die Fragen Umsatzkonzentration, keine Strukturveränderungen hinsichtlich von neuen Kundentypen. - Weniger Außendienstkontakte durch verstärkte Betreuung der Zentralen.

... der nächste Schritt: Wie hoch wird die Kundenanzahl in Ihrem Unternehmen in drei Jahren wahrscheinlich sein?

Die Strukturbereinigung im Handel wird weiterhin voranschreiten. Das Tempo wird sich etwas verringern. Die Anzahl der Filialen wird sich auf ca. 1.050 verringern. Die Strukturveränderung wird sich zugunsten der zentralen Großhandels- und Filialorganisationen auswirken.

Kundenperspektiven - Kundentypen 1999			
Kundentypen	**Bezeichnung**	**Anzahl Kunden**	**Anzahl Filialen**
Kundentyp 1	Regionale Direktkunden	5	0
Kundentyp 2	Überregionale Direktkunden	8	0
Kundentyp 3	Regionale Filialisten	3	1.650
Kundentyp 4	Regionale Großhändler	3	1.500
Kundentyp 5	Key Account Kunden	8	3.900
Summe Kunden		**27**	**7.050**

Die geschätzte Struktur der Kundentypen des Tiefkühlsuppenherstellers in drei Jahren

Aufgrund von Zusammenschlüssen regionaler Großhändler wird bereits in zwei Jahren ein neuer Key Account Kunde in der Organisation des Markenartikelherstellers zu berücksichtigen sein.

Fakten

Die Kundenanzahl wird sich weiterhin verringern.

Der Anzahl der Key Account Kunden wird sich von 7 auf 8 erhöhen. Eine Umsatzkonzentration von 85 % auf 89 % ist damit verbunden.

... der nächste Schritt: Welche Umsatzkonzentration wird in Ihrer Kundenstruktur vorhanden sein?

Die Umsatzkonzentration wird auf der Basis der Kundenperspektiven für 1999 voraussichtlich 89 % betragen.

... der nächste Schritt: Wie hoch wird die Anzahl der Kontakte in drei Jahren sein? - Wieviele Kontakte werden voraussichtlich in den einzelnen Kontaktarten durchgeführt?

Die Kontaktzahl wird generell erhöht, da Besuchskontakte durch Direct-mail- und Telefonmarketingkontakte ersetzt werden. Zusätzlich werden für Partnerunternehmen Online-Kontakte für die Durchführung von Bestellungen eingeführt.

.... Wie wird der Kontakt-Mix für unterschiedliche Kundenklassen, Kundentypen und Kundenarten in drei Jahren sein?

Aufgrund dieser Entwicklungen ergibt sich folgender Kontakt-Mix für die Kundentypen des Herstellers von Tiefkühlsuppen:

Kundenperspektiven Kontakt-Mix 1999					
Kundentypen	**Online-Kontakte**	**Direct-mail**	**Istkontakte Telefon**	**Besuche**	**Summe**
Regionale Direktkunden		400	220	30	**650**
Überregionale Direktkunden		600	350	40	**990**
Regionale Filialisten		200	8.000	900	**9.100**
Regionale Großhändler		500	14.000	250	**14.750**
Key Account Kunden	8.000	400	15.500	600	**24.500**
Gesamtsumme	**8.000**	**2.100**	**38.070**	**1.820**	**49.990**

Der voraussichtliche Kontakt-Mix des Tiefkühlsuppenherstellers in drei Jahren

Fakten

Die Anzahl der Kundenkontakte wird sich erhöhen.

Der Kontakt-Mix wird sich zugunsten von Direct-mail- und Telefonkontakten verändern. Die Besuchskontakte im Außendienst sind rückläufig.

...Welchen Wert soll die generelle Kundenzufriedenheit in drei Jahren aufweisen?

Welche Werte wird die Kundenzufriedenheit für die einzelnen Kundentypen und Kundenarten voraussichtlich haben?

Zielwert für die Kundenzufriedenheit ist 2.0. Erforderlich dazu ist die Umsetzung der Servicequalitätsprogramme im Liefer- und Logistikbereich.

2.2.4. Die Dokumentation für den Marketingplan

Die wichtigsten Tabellen für die Dokumentation des Marketingplanes sind:

- Kundenstruktur (Kundentypen, Kundenarten)
- Umsatzkonzentration
- Istkontakte

Vergleichen Sie das Musterbeispiel im Kapitel 2.4.

2.2.5. Die Fakten

Fakten

Die **Kundenanzahl** wird sich weiterhin verringern.

Die Anzahl der Key Account Kunden wird sich von 7 auf 8 erhöhen. Eine **Umsatzkonzentration** von 85 % auf 89 % ist damit verbunden.

Der **Kontakt-Mix** wird sich zugunsten von Direct-mail- und Telefonkontakten verändern. Die Besuchskontakte im Außendienst sind rückläufig.

2.3. Strategie

2.3.1. Strategie-Status - Wo stehen wir?

2.3.2. Strategie-Trends - Wie verändern wir uns?

2.3.3. Strategie-Perspektiven - Wo wollen wir hin?

2.3.4. Die Dokumentation für den Marketingplan

2.3.4. Die Fakten

Die Bausteine für den Strukturbereich Strategie

In diesem Strukturbereich werden die Ziele, Maßnahmen und Budgeterfordernisse analysiert, bewertet und für die neue Periode festgelegt.

Bezugsrahmen ist dabei der Bereich Markt und Kunden. Diese Bereiche wurden in den vorangegangenen Schritten bearbeitet und aufbereitet.

Für den Bereich Strategie ist die folgende Betrachtung wesentlich:

Wichtig

Im Rahmen der Entwicklung des Marketingplanes erfolgt keine generelle Strategieentwicklung. Die strategischen Ziele bilden die Grundlage für die Erstellung des Marketingplanes.

Die Darstellung und Dokumentation der strategischen Ziele innerhalb des Marketingplanes erfolgt, um den Zusammenhang zwischen Produkt-, Markt- und Kundenzielen und der Unternehmensstrategie aufzuzeigen.

Zusätzlich erfolgt im Rahmen der Entwicklung des Marketingplanes eine Überprüfung, ob die strategischen Ziele aufgrund von Veränderungen im Markt oder in der Kundenstruktur nach wie vor Gültigkeit haben. Signale und Erkenntnisse, die eventuell auf eine Änderung von strategischen Zielen hinweisen, sollten gesondert dokumentiert und für die Strategieentwicklung berücksichtigt werden.

Entscheidend ist der Lernprozeß. Die Effizienz bei der Erstellung des Marketingplanes bleibt jedoch nur erhalten, wenn klar zwischen Strategieentwicklung und Marketingplan differenziert wird.

Es ist im Sinne der Planungs- und Entscheidungseffizienz nicht vertretbar, das strategische Rad jedesmal neu zu erfinden. Die mehrjährige Perspektive und die Darstellung der strategischen Ziele haben den Zweck, die aktuellen Marketingziele transparent für andere Entscheidungsträger nachvollziehbar zu machen.

2.3.1. Strategie-Status - Wo stehen wir?

Wo stehen wir heute? - Welche Stärken und Schwächen haben wir? - Welche Chancen und Risiken ergeben sich für uns aufgrund der Veränderungen im Markt und innerhalb unserer Kundenstruktur?

Wichtige Fragen

Welche wichtigen Fragen sollten Sie sich für die Behandlung dieses Abschnittes stellen?

?

Was ist der Zweck Ihres Unternehmens? - Welche Vision/Mission wird in Ihrem Unternehmen verfolgt?

Welche Positionierung hat Ihr Unternehmen im Markt?

Welche Stärken hat Ihr Unternehmen?

Welche Schwächen hat Ihr Unternehmen?

Welche Chancenpotentiale ergeben sich für Ihr Unternehmen aufgrund der Markt- und Kundenstruktur?

Welche Risiken ergeben sich für Ihr Unternehmen aufgrund der Markt- und Kundenstruktur?

Welche Differenzen ergeben sich auf der Basis der Erfolgsfaktoren für Stärken, Schwächen, Chancen und Risiken?

Welche Anteile haben die Produktsegmente nach Umsatz, Menge und Deckungsbeitrag?

Welche Ziele (Produktziele, Kundenziele, Marktziele) wurden übertroffen (positive Zielabweichungsanalyse)?

Welche Ziele (Produktziele, Kundenziele, Marktziele) wurden nicht erreicht (negative Zielabweichungsanalyse)?

Welche Budgetmittel wurden für die Umsetzung der Aktivitäten eingesetzt?

Daten Quellen

Welche Datenquellen stehen Ihnen für die Beantwortung der Fragen zur Verfügung?

Extern:	Studien, Trendanalysen, Strategieanalysen
Intern:	Dokumentationen für die Strategieentwicklung, Portfolioanalysen, Ergebnisse der Bereiche Markt und Kunden, Dokumentationen der Marketingpläne der vorangegangenen Jahre
Atypisch:	DV-gestützte Expertensysteme und Szenarien, Kundenveranstaltungen für die gemeinsame Entwicklung von zukünftigen Zielen

Mission/Vision

Dokumentieren Sie in diesem Bereich kurz den Zweck Ihres Unternehmens und die Vision aus Ihrem Leitbild. „Der erste Mann auf dem Mond“ war in den sechziger Jahren eine Vision der amerikanischen Gesellschaft, die tausenden Beteiligten ein klares Ziel vor Augen geführt hat. Welche Mission verfolgen Sie in Ihrem Unternehmen?

Noch einmal der Hinweis: An dieser Stelle sollte keine „Neuentwicklung“ der Mission/Vision stattfinden, sondern nur der Unternehmenszweck, wie er in der Unternehmensstrategie dargestellt ist, dokumentiert werden.

Positionierung

Ebenso wie beim Punkt Mission/Vision sollte eine kurze Darstellung der Positionierung des Unternehmens bzw. eines Produktes vorgenommen werden. Soll das Unternehmen sich in hohen Qualitätsprodukten differenzieren? - Werden durch die Hinzufügung von

Serviceleistungen zusätzliche Differenzierungen erreicht, oder nimmt das Unternehmen eine Kostenführerschaft ein?

Stärken und Schwächen

Welche Stärken hat Ihr Unternehmen? - Welche Schwächen hat Ihr Unternehmen? In diesem Arbeitsschritt sollten Sie einen Vergleich Ihrer Stärken und Schwächen mit den Erkenntnissen aus dem Bereich Markt und Kunden durchführen.

Wenn Sie im Markt die Erfolgsfaktoren dargestellt und die zukünftige Entwicklung der Erfolgsfaktoren bewertet haben, sollten Sie an dieser Stelle die Auswirkungen auf die Stärken und Schwächen beurteilen.

Gibt es Schwächen, zum Beispiel Ihre Kostenstruktur, die für Ihr Unternehmen bedrohlich sind? Schwächen in diesem Bereich werden verstärkt, wenn ein Erfolgsfaktor, zum Beispiel Preis, im Markt zukünftig eine höhere Bedeutung erlangt.

Chancen und Risiken

Ebenso wie bei den Stärken und Schwächen sind die in der Unternehmensstrategie festgestellten Chancen und Risiken im Rahmen der Erstellung des Marketingplanes mit den aktuellen Entwicklungen abzugleichen.

Wichtig ist die Beurteilung der Erkenntnisse und Ergebnisse aus den vorangegangenen Schritten mit der bestehenden Situation im Ihrem Unternehmen.

Hat ein Trend, verstärktes Umweltbewußtsein der Käufer, für Ihre Produkte, Produktionsmethoden etc. eine gravierende Bedeutung? - Wie wirkt sich dieser Trend auf die aktuelle Festlegung von Produkt- oder Kundenzielen aus?

Bewertung der Erfolgsfaktoren für die Strategie

Im Bereich Markt wurden die Erfolgsfaktoren dargestellt. Bewerten Sie anhand der Erfolgsfaktoren für Ihr Unternehmen, welche Differenzen bestehen. Ist der Faktor Preis für Ihr Unternehmen eine

Stärke oder eine Schwäche? Wenn der Faktor Preis eine Schwäche ist, dann ist das im ersten Ansatz eine Feststellung über die relative - unternehmensinterne - Bewertung dieses Faktors zu anderen. Wenn der Preis aber der wesentliche Erfolgsfaktor in diesem Marktsegment ist, dann kann dieser Faktor zu einer bedrohlichen Schwäche des Unternehmens im Markt werden. Die Bedeutung von Stärken oder Schwächen eines Unternehmens sind daher nicht nur intern, sondern immer auch mit externem Bezug zum Marktumfeld zu bewerten.

Analyse der Produktsegmente

Die Analyse der Produktsegmente nach Umsatz, Absatz und Dekkungsbeitrag gehört zu den klassischen Hausaufgaben im Marketingbereich. Natürlich werden diese Analysen nach Produktgruppen für die Kundengruppen und Absatzgebiete durchgeführt.

Die legendären statistischen Handwerkszeuge finden hier ihre Anwendung. Einen Tip wollen wir Ihnen hier geben: Setzen Sie für die Analyse moderne elektronische Werkzeuge, zum Beispiel die Excel-Pivottabelle, ein. Sie werden sehen, wie produktiv und effizient Ihre Analysen werden.

Positive und negative Zielabweichungsanalyse

Diese Analyse zählt zu den wichtigsten, weil sie einen unmittelbaren Lernprozeß erlaubt.

Die Ziele des vergangenen Jahres beruhten auf Annahmen, Ansichten etc. Wurden diese übertroffen oder nicht erfüllt, so gibt es Gründe für diese Abweichungen. Diese Gründe zu erforschen und zu analysieren lohnt sich, denn daraus lassen sich oft direkte Rückschlüsse auf Markt- oder Kundenentwicklungen ziehen.

Welche Budgetmittel wurden für die Umsetzung der Aktivitäten eingesetzt?

Die Budgetmittel für das nächste Planjahr sollten aus den neuen Aktivitäten abgeleitet werden. Das vergangene Budget ist daher keine Basis für die Bestimmung des neuen Budgets, auch wenn die

Fortschreibung des alten Budgetansatzes die gängigste Methode in der Praxis darstellt.

Nutzen Sie das vergangene Budget auch im Sinne einer Zielabweichung. Mit welchem Budget haben Sie die Zielsetzungen bei den Aktivitäten nicht erreicht oder übertroffen? Mit diesen Informationen können Sie die Effizienz im nächsten Planjahr besser steuern.

Darstellung der Ausgangssituation - Status-Strategie

Der Zweck des Unternehmens, die Positionierung, das Stärken- und Schwächenprofil, die Chancen- und Risikopotentiale dokumentieren die Rahmenbedingungen für die Entwicklung der Ziele und Maßnahmen für die nächste Periode. Kernbereich der Darstellung sind die wichtigsten Erkenntnisse der Markt-, Kunden- und Zielabweichungsanalyse für die eigenen Produkte. Beide Bereiche bilden die Grundlagen für die Darstellung der Ausgangssituation im Strategiebereich.

Die entscheidungsrelevanten Fakten

Eine Zusammenfassung der entscheidungsrelevanten Fakten ist die Entscheidungsgrundlage für zukünftige Ziele und Maßnahmen. Damit wird die Ausgangssituation - wo stehen wir? - transparent dargestellt. Die Ableitung der Ziele und Maßnahmen für die nächste Periode wird auf der Basis eines abgesicherten - und für alle überprüfbaren - Fundamentes durchgeführt.

PraXisBeispiel

Die ersten Schritte sind in der Unternehmensstrategie festgelegt. An dieser Stelle sollen Sie Ihnen eine Orientierung für die nachfolgenden Entscheidungen und die Festlegung von Zielen (Produkt-, Kunden- und Marktzielen) geben.

Falls Sie in Ihrer Unternehmensstrategie diese Fragen nicht explizit beantwortet oder schriftlich dokumentiert haben, sollten Sie es an dieser Stelle tun. Sie haben dann die Möglichkeit, Lernprozesse im Unternehmen darzustellen.

... der nächste Schritt: Was ist der Zweck Ihres Unternehmens? - Welche Vision/Mission wird in Ihrem Unternehmen verfolgt?

Das Unternehmen ist führender Hersteller von hochwertigen Tiefkühlprodukten.

... der nächste Schritt: Welche Positionierung hat das Unternehmen im Markt?

Das Unternehmen ist Marktführer im Gesamtmarkt für Tiefkühlprodukte. Hohe Produktqualität, hohe Kompetenz für Tiefkühlprodukte und innovative Produkteinführungen kennzeichnen die Positionierung.

... nächster Schritt: Welche Stärken/Schwächen hat das Unternehmen?

- Hohe Kompetenz für die Vermarktung von Tiefkühlprodukten
- Hohe Produktqualität
- Hohe Verfügbarkeit der Produkte für den Konsumenten

... nächster Schritt: Welche Schwächen hat Ihr Unternehmen?

- Kostenstruktur
- Logistik
- Flexibilität

... nächster Schritt: Welche Chancenpotentiale ergeben sich für Ihr Unternehmen aufgrund der Markt- und Kundenstruktur?

Die positive Entwicklung des Produktsegmentes Premium-Produkte ermöglicht dem Unternehmen die Wahrung von Wachstumschancen für Tiefkühlsuppen mit hoher Qualität.

... nächster Schritt: Welche Risiken ergeben sich für Ihr Unternehmen aufgrund der Markt- und Kundenstruktur?

Die steigende Konzentration der Mitbewerber und die Umsatzkonzentration bei den bestehenden Handelskunden erhöhen die Mitbewerbsintensität und damit die Preissensibilität. Die Schwäche im Bereich der Kostenstruktur stellt dadurch einen Risikofaktor dar.

... nächster Schritt: Welche Differenzen ergeben sich auf der Basis der Erfolgsfaktoren?

Für dieses Produktsegment bestehen in wichtigen Dimensionen Nachteile (negative Differenzwerte) zu den Erfolgsfaktoren. Die Produktqualität und die Verfügbarkeit sind marktkonform bzw. überdurchschnittlich.

Erfolgsfaktoren

Erfolgsfaktoren	Bedeutung im Markt 1 bis 5	Bewertung für Unternehmen von 1 bis 5	Differenzwert
Produktqualität	1	1	0
Geschmack	2	3	-1
Sortimentsbreite	2	3	-1
Markenbekanntheit	3	4	-1
Preiswürdigkeit	3	4	-1
Verfügbarkeit	4	2	2

Die Bewertung der Erfolgsfaktoren für den Tiefkühlsuppenhersteller

Die Dimensionen Geschmack, Sortimentsbreite, Markenbekanntheit und Preiswürdigkeit stellen Ansatzpunkte für das Marketing-Mix dar.

Fakten

Wichtige **Erfolgsfaktoren** (Geschmack, Sortimentsbreite, Markenbekanntheit und Preiswürdigkeit) im Markt stellen derzeit Schwachpunkte des Unternehmens dar.

Die nächsten Schritte gehören zu den klassischen Produkt- und Absatzanalysen. Die traditionellen Statistiken erfüllen hier noch immer ihre wichtige Funktion. Für den Marketingplan Tiefkühlsuppen sind die wichtigsten Analyseergebnisse in den nächsten Schritten zusammengefaßt.

... der nächste Schritt: Welche Anteile haben die Produktsegmente nach Umsatz, Menge und Deckungsbeitrag?

Das Unternehmen deckt für den Markt „Fertigsuppen“ nur das Segment Tiefkühlsuppen ab. Damit liegt ein Spezialisierungsansatz für dieses Segment vor. Eine Ausweitung des Programmes, zum Beispiel Einführung von Premium-Marken im Trockensortiment, wird nicht durchgeführt.

... der nächste Schritt: Welche Ziele (Produktziele, Kundenziele, Marktziele) wurden übertroffen (positive Zielabweichungsanalyse)?

Für das Produkt Tiefkühlsuppen wurden die Vertriebsziele hinsichtlich der Kundenanzahl erreicht. Alle wichtigen Handelspartner haben das Produkt gelistet. Die Sortimentserweiterung von ein auf drei Sorten hat anfänglich zu Mehrumsätzen geführt.

Fakten

Die **Sortimentsbreite** innerhalb eines Produktsegmentes ist ein wichtiger Faktor für die Kaufentscheidung des Konsumenten.

... der nächste Schritt: Welche Ziele (Produktziele, Kundenziele, Marktziele) wurden nicht erreicht (negative Zielabweichungs-analyse)?

Die Umsatz- und Absatzziele wurden in der letzten Planperiode für alle Produkte nicht erreicht. Die Umsatz- und Absatzentwicklung lag sogar unter dem Vorjahresniveau, d.h., es liegt ein Umsatz- und Absatzrückgang vor.

Fakten

Obwohl in diesem Segment ein durchschnittliches Marktwachstum von ca. 10 % besteht, ist der **Produktumsatz** für das Unternehmen rückläufig.

Die durchgeführten Analysen zeigen, daß der Umsatz- und Absatzrückgang auf folgende Punkte zurückzuführen ist:

- Die Mitbewerber haben zwei neue Premium-Produkte (Trockensortiment, Päckchen) eingeführt.
- Die Preispositionierung für die Mitbewerbsprodukte lag um ca. 100 % unter den Produkten des eigenen Unternehmens, d.h., die eigenen Packungsgrößen waren für den Letztverbraucher doppelt so teuer.
- Die Packungsgrößen der Produkte wurden im Markt als Einzelmahlzeit positioniert. Die eigenen Packungsgrößen beinhalten zwei bis drei Mahlzeiten.
- Die Mitbewerber haben massive werbliche Unterstützungen eingesetzt und zahlreiche Verkaufsförderungsmaßnahmen für Ihre Produkte durchgeführt.
- Das Image der Marke hat Defizite in den Dimensionen „Natürlichkeit", „Geschmack" und „Frische".

... der nächste Schritt: Welche Budgetmittel wurden für die Umsetzung der Aktivitäten eingesetzt?

Die Budgetmittel im vergangenen Jahr betrugen ca. sechshunderttausend DM. Es wurden keine werblichen Unterstützungen für das Produkt durchgeführt.

Fakten

Die **Preiswürdigkeit** für das Produkt, d.h. akzeptabler Preisabstand zu den Standardprodukten, ist Voraussetzung für die Akzeptanz beim Konsumenten.

Die **werbliche Unterstützung** ist im Premium-Segment Voraussetzung für die Erreichung der Marktwachstumsziele.

Verkaufsförderungsmaßnahmen mit Gratisabgaben sind ein wirksames Instrument, um die Einführungsphase für das Produkt zu verkürzen.

2.3.2. Strategie-Trends - Wie verändern wir uns?

Für diesen Bereich sind zwei Betrachtungsweisen wichtig:

- Erstens werden die Ergebnisse aus den Abschnitten Markttrends und Kundentrends mit internen Unternehmensbereichen (Stärken, Schwächen, Chancen etc.) verglichen.
- Zweitens erfolgt eine Analyse von Veränderungsprozessen im Unternehmen (Produkttrends, Innovationen etc.).

Gibt es neue Technologien, die in der eigenen Forschungsabteilung entwickelt wurden? - Könnten damit Mitbewerbsvorteile im Markt realisiert werden?

? Wichtige Fragen

Welche wichtigen Fragen sollten Sie sich für die Behandlung dieses Abschnittes stellen?

? **Haben die Ergebnisse der Bereiche Markttrends und Kundentrends eine Auswirkung auf den Zweck des Unternehmens (Vision/Mission)?**

Haben die Ergebnisse der Bereiche Markttrends und Kundentrends eine Auswirkung auf die Positionierung?

Welche Auswirkungen haben die Markt- und Kundentrends auf die Stärken des Unternehmens?

Welche Auswirkungen haben die Markt- und Kundentrends auf die Schwächen des Unternehmens?

Welche Auswirkungen haben die Markt- und Kundentrends auf die Chancenpotentiale des Unternehmens?

Welche Auswirkungen haben die Markt- und Kundentrends auf die Risikopotentiale des Unternehmens?

Welche Produkttrends gibt es im eigenen Unternehmen?

Welche Veränderungen im Unternehmen haben eine Auswirkung auf den Markt?

Daten Quellen

Welche Datenquellen stehen Ihnen für die Beantwortung der Fragen zur Verfügung?

Extern:	Studien über Kundenverhalten, Trendforschung, Branchenvergleiche, Servicequalitätstrends etc.
Intern:	Trendanalysen, Expertenteams, Szenarien auf der Basis interner Kundendaten, Zeitreihenanalyse oder ähnliche statistische Verfahren etc.
Atypisch:	Expertensysteme für die Projektion der Kundenstrukturen etc.

Für den Marketingplan erfolgt in diesem Abschnitt eine Überprüfung der Strategiebereiche hinsichtlich der Veränderungen und Entwicklungen im Zeitablauf. Trends, die einen unmittelbaren Einfluß für die nächste Planungsperiode haben, werden bereits bei den Entscheidungen und bei der Zielbildung (Markt-, Produkt-, Kundenziele etc.) berücksichtigt.

PraXisBeispiel

... der nächste Schritt: Haben die Ergebnisse der Bereiche Markttrends und Kundentrends eine Auswirkung auf den Zweck des Unternehmens (Vision/Mission)?

Die Erkenntnisse der Strukturbereiche Markt und Kunden haben keine generelle Auswirkung auf die Vision des Unternehmens.

... der nächste Schritt: Haben die Ergebnisse der Bereiche Markttrends und Kundentrends eine Auswirkung auf die Positionierung?

Ebenso wie für den Unternehmenszweck ergibt sich aus den Erkenntnissen der Markt- und Kundentrends keine generelle Auswirkung auf die strategische Positionierung des Unternehmens in der nächsten Planperiode.

Erkenntnisse und Fakten zeigen jedoch, daß ein akuter Handlungsbedarf besteht, dem rückläufigen Produktumsatz entgegenzusteuern.

Da für dieses Marktsegment positive Zuwächse bestehen, sind Maßnahmen im unternehmensinternen Bereich erforderlich.

... der nächste Schritt: Welche Auswirkungen haben die Markt- und Kundentrends auf die Stärken des Unternehmens?

Der Trend zu hochwertigen Premiumprodukten kann als Vorteil aufgrund der Position als kompetenter Erzeuger von hochwertigen Tiefkühlprodukten angesehen werden.

... der nächste Schritt: Welche Auswirkungen haben die Markt- und Kundentrends auf die Schwächen des Unternehmens?

Die Mitbewerbsaktivitäten hinsichtlich der neuen Packungsvarianten und der starken Preisdifferenzierung erfordern Maßnahmen im Bereich der Kostenstruktur des Unternehmens.

... der nächste Schritt: Welche Auswirkungen haben die Markt- und Kundentrends auf die Chancenpotentiale des Unternehmens?

Starkes Wachstum im Premium-Segment ermöglicht die Nutzung der Chancenpotentiale als Marktführer im Bereich der Tiefkühlprodukte.

Mit geeigneten Maßnahmen für die Produkt-, Preis- und Kommunikationspolitik für Tiefkühlsuppen könnte aufgrund der Unternehmensstärken in diesem Teilmarkt (Premium-Segment) eine Marktführungsposition erreicht werden.

... der nächste Schritt: Welche Auswirkungen haben die Markt- und Kundentrends auf die Risikopotentiale des Unternehmens?

Die steigende Preissensibilität für die Produkte erfordert neben produktpolitischen Maßnahmen auch die Verbesserung der Kostenstruktur im Produktionsbereich. Für Premiumprodukte kann ein höherer Preis beim Konsumenten erzielt werden. Der Preis kann jedoch nicht wesentlich über dem Preis von Mitbewerbsprodukten im Standardsegment liegen.

... der nächste Schritt: Welche Produkttrends gibt es im eigenen Unternehmen?

Der Entwicklungsabteilung ist es gelungen, durch neue Verfahrensprozesse den Geschmack der Fertigprodukte wesentlich zu verbessern (Ergebnisse der Produkttests im Vergleich zu Mitbewerbsprodukten).

Die Produkte beinhalten ganze „Gemüsestücke“ und verbessern damit die Dimension „Natürlichkeit“ und „Frische“ beim Konsumenten.

Fakten

Die **Markt- und Kundentrends** stellen für das Unternehmen Chancenpotentiale auf der Basis der Stärken dar.

Die **Ergebnisse der Produktentwicklung** ermöglichen den Abbau von Schwächen für wichtige Erfolgsfaktoren (Geschmack, Preis etc.).

2.3.3. Strategie-Perspektiven - Wo wollen wir hin?

Wo wollen wir mit dem Unternehmen in drei Jahren sein? - Welche Positionierung soll Ihr Unternehmen im Markt haben? - Welche Produktstruktur wollen wir in drei Jahren erreichen?

Wichtige Fragen

Welche wichtigen Fragen sollten Sie sich für die Behandlung dieses Abschnittes stellen?

?

Wo wollen wir in drei Jahren sein?

Welche Positionierung soll das Unternehmen in drei Jahren haben?

Welche Schwächen wollen wir beseitigen?

Welche Stärken wollen wir verstärken?

Welche Chancenpotentiale wollen wir in drei Jahren ausgenützt haben?

Welche Risikopotentiale wollen wir in drei Jahren beseitigt haben?

Welche Fakten der Strukturbereiche Markt und Kun-

den sind im Zusammenhang mit Stärken, Schwächen, Chancen und Risiken für die nächsten Entscheidungen zu berücksichtigen?

Welche grundsätzlichen Entscheidungen werden aufgrund der Phasen Status und Trends für Märkte, Produkte und Kunden getroffen?

Welche Marktziele werden vereinbart?

Welche Produktziele werden vereinbart?

Welche Kundenziele werden vereinbart?

Welche Maßnahmen sind für die Erreichung der Ziele im Markt-, Kunden- und Produktbereich erforderlich?

Welche Budgetmittel sind für die Erreichung der Ziele erforderlich?

Welche Datenquellen stehen Ihnen für die Beantwortung der Fragen zur Verfügung?

Extern:	Strategische Branchenportfolios, Unterlagen der Phasen Status-Ausgangssituation und Trends (Markt - Kunden)
Intern:	Management-Informations-Systeme, interne Statistiken, Informationsgrundlagen und Führungsinstrumente des Unternehmens, Portfoliomodelle, Szenarios etc., Planungsunterlagen der Vorjahre (Marketingplan, Businessplan etc.)
Atypisch:	Kundenmeetings über die strategische Entwicklung, Networking mit Partnerunternehmen für die Darstellung der Zukunft (Markt-, Technologie-, Verhaltensprojektionen etc.)

Der wesentliche Unterschied dieses Bereiches ist die Überprüfung der relevanten Faktoren im Hinblick auf strukturelle Entscheidungen.

Nehmen wir zur Erklärung folgendes Beispiel: Für die Kundenanzahl Ihres Unternehmens wurde ein positiver Trend von plus drei Prozent festgestellt. Aufgrund dieser Entwicklung nehmen Sie an, daß die Kundenanzahl in drei Jahren etwa zehn Prozent höher sein wird als heute.

Wenn in Ihrem Unternehmen die Entscheidung getroffen wird, ein Produkt nicht mehr an Direktkunden, sondern über einen Zwischenhändler zu vertreiben, dann ändert sich auch die Kundenstruktur. Es wird ein neuer Kundentyp „Zwischenhändler" eingeführt. Hier handelt es sich um Entscheidungen, die nicht nur eine Fortschreibung von Trends darstellen, sondern die Struktur in Unternehmensbereichen verändern.

Der Zweck dieser Phase im Rahmen der Entwicklung des Marketingplanes bleibt jedoch wieder der einer kritischen Überprüfung der Unternehmensstrategie. Es kann bei der effizienten Entwicklung des Marketingplanes keine Neuentwicklung der Strategie durchgeführt werden.

Folgende Teilbereiche werden für die Bearbeitung der Trends berücksichtigt:

Teilbereiche für die Strategie-Perspektiven

- Markt (Status - Trends - Perspektiven)
- Kunden (Status - Trends - Perspektiven)
- Strategie (Status - Trends)

Entscheidungsrelevante Fakten

Die Darstellung der entscheidungsrelevanten Fakten ist eine Zusammenfassung der Analyse-, Bewertungs- und Prognoseergebnisse, die in den ersten Schritten durchgeführt wurden.

Hier erfolgt die Zusammenstellung jener Informationen, die die Grundlage für Entscheidungen im Marketing- und Vertriebsbereich darstellen.

In dieser Phase wird die Qualität der Entscheidungsgrundlagen wesentlich geprägt. Fakten, die aufgrund einer Fehleinschätzung durch den Rost fallen, können in die Entscheidungsprozesse nicht mehr einfließen.

Informationen, die fehlerhaft, mißverständlich oder unübersichtlich aufbereitet werden, können zu Fehlentscheidungen bei der Festlegung von Zielen führen.

Die Aufbereitung der entscheidungsrelevanten Fakten zu Entscheidungsgrundlagen ist eine qualifizierte Managementtätigkeit.

Diese Aufgabe einer „Sekretärin" zu überlassen ist ein Managementfehler im Hinblick auf die Delegation dieser Tätigkeit an eine Person, die nicht über die entsprechende Qualifikation verfügt.

Qualitätssicherung

Das qualitative Endergebnis des Marketingplanes hängt stark von dieser Phase ab. Welche Faktoren werden tatsächlich als entscheidungsrelevant betrachtet? - Wie erfolgt die logische Ableitung der Faktoren aus den verfügbaren Informationsgrundlagen, sozusagen die logische Beweisführung? - ist die Ableitung für andere Teilnehmer nachvollziehbar und transparent dargestellt?

Entscheidungen - Die Beibehaltung der Zielrichtung ist auch eine Entscheidung.

Auf der Basis der Fakten werden Entscheidungsgrundlagen für die endgültige Festlegung der Ziele erstellt. Bestätigt sich im Rahmen der jährlichen Erstellung eines Marketingplanes die strategische Richtung, ist das eine neuerliche Bestätigung einer Entscheidung. Diese neuerliche Bestätigung ist ebenfalls ein Erkenntnisgewinn und sollte auch als solcher dokumentiert und dargestellt werden.

Diese Entscheidungsgrundlagen enthalten die Grundsätze und die übergeordnete Zielrichtung für die Planungsprozesse im Unternehmen. An diesen Zielen können sich andere Teilnehmer, zum Beispiel Key Account Manager, Außendienstmitarbeiter etc., orientieren. Die Qualität der ersten Entscheidungsgrundlage, die sehr oft in einen „Budgetvorschlag" einfließt, beeinflußt Effizienz und Qualität des Ergebnisses in hohem Maße.

Ziele für Produkte - Kunden - Absatzgebiete

Die getroffenen Entscheidungen sind die Basis für die Formulierung der Ziele im Bereich Produkte, Kunden und Märkte.

Zu den Marktzielen gehören:

- Marktanteilsziele für Produkte, Absatzgebiete und Zielgruppen
- Wachstumsziele (wertmäßig)
- Wachstumsziele (mengenmäßig)
- Markteintrittsziele in neue Absatzgebiete

Zu den Produktzielen gehören:

- Umsatzziele je Produktsegment
- Absatzziele je Produktsegment
- Deckungsbeitragsziele je Produktsegment
- Produktschwerpunkte, zum Beispiel Neueinführungen
- Preisziele
- Distributionsziele
- Kommunikationsziele

Zu den Kundenzielen gehören:

- Umsatzziele je Kundentyp und Kundenart

- Absatzziele je Kundentyp und Kundenart
- Deckungsbeitragsziele je Kundentyp und Kundenart
- Kontaktziele für das gesamte Unternehmen
- Kontaktziele je Kundentyp und Kundenart
- Anzahl der Neukunden in der nächsten Periode

Marketing-Mix

In diesen Bereich fließen die Instrumente des klassischen Marketing-Mix in die Erstellung des Marketingplanes ein:

- Produktpolitik
- Preispolitik
- Distributionspolitik
- Kommunikationspolitik

Die Marktbearbeitung erfordert heute aber auch die besondere Berücksichtigung der Kundenanforderungen und der Servicequalitätsstandards. Das Marketing-Mix ist deshalb heute nur mehr ein Baustein bei der Entwicklung des Marketingplanes.

Maßnahmen

Die Erreichung der Ziele erfordert Maßnahmen. Die Aktivitäten können produktpolitische Maßnahmen, Direct-mails, Werbeaktionen, Kundenforschungen, Kundenveranstaltungen etc. sein.

Die für die nächste Periode geplanten Maßnahmen werden im Maßnahmenkatalog dargestellt.

Marketingbudget

Die Umsetzung der Maßnahmen erfordert den Einsatz von Ressourcen (Personal, finanzielle Mittel für Werbeaktionen etc.). Die Aufstellung der erforderlichen Mittel erfolgt im Marketingbudget.

Wichtig ist ein direkter Zusammenhang zwischen Maßnahme und Budget. Die Zeiten für die Festlegung eines Marketingbudgets in Prozent des Gesamtumsatzes sind vorbei. Diese Kennzahl kann bestenfalls eine Orientierung für die Effizienz der Marketingmaßnahmen oder ein Vergleichswert mit Mitbewerbern oder anderen Branchen sein.

Ein Vergleich mit dem Budget des Vorjahres ist deshalb nur bedingt möglich. Im vorangegangenen Jahr könnten andere Ziele zur Durchführung von unterschiedlichen Maßnahmen geführt haben. Die Budgetmittel sollten von Zielen und Maßnahmen abgeleitet werden.

PraXisBeispiel

... der nächste Schritt: Wo wollen wir in drei Jahren sein?

Ausbau und Absicherung der Position als führender Hersteller im Bereich Tiefkühlprodukte.

... der nächste Schritt: Welche Positionierung soll das Unternehmen in drei Jahren haben?

Für das Produktsegment Fertigsuppen bedeutet das die Position des Marktführers im Premium-Segment.

... der nächste Schritt: Welche Schwächen wollen wir beseitigen?

- Preispositionierung
- Image der Marke (Natürlichkeit, Geschmack, Frische)
- Kostenstruktur
- Marktposition / Umsatz- und Absatzrückgang

... der nächste Schritt: Welche Stärken wollen wir verstärken?

- Kompetenz als hochwertiger Hersteller von Tiefkühlsuppen
- Hohes Qualitätsimage auch für das Segment Fertigsuppen

... der nächste Schritt: Welche Chancenpotentiale wollen wir in drei Jahren ausgenützt haben?

- Wachstumschancen im Fertigsuppenmarkt
- Wachstumschancen im Premium-Segment im besonderen

... der nächste Schritt: Welche Risikopotentiale wollen wir in drei Jahren beseitigt haben?

- Kostenstruktur

... der nächste Schritt: Welche Fakten der Strukturbereiche Markt und Kunden sind im Zusammenhang mit Stärken, Schwächen, Chancen und Risiken für die nächsten Entscheidungen zu berücksichtigen?

- Marktpotential ist nicht ausgeschöpft
- Marktwachstum für Premium-Produkte
- Mitbewerbsaktivitäten hinsichtlich Neuprodukteinführungen im Premium-Segment
- Werbeintensität des Mitbewerbs für Premium-Produkte
- Kundentrend zu Premium-Produkten
- Kundentrend zu mehr Auswahl und Abwechslung
- Bedeutung der Erfolgsfaktoren „Geschmack“, „Preiswürdigkeit“, „Werbung“

... der nächste Schritt: Welche grundsätzlichen Entscheidungen werden aufgrund der Phasen Status und Trends für Märkte, Produkte und Kunden getroffen?

Grundsatzentscheidung:

- Relaunch der Marke in der nächsten Geschäftsperiode

Teilentscheidungen:

- Verbesserung der Produktqualität
- Neupositionierung der Marke
- Erweitertes Produktsortiment
- Neue Preispositionierung
- Starke Werbeunterstützung

Produktqualität

Die Produktqualität wird einen sichtbaren und erfahrbaren Unterschied (Geschmack, Konsistenz etc.) zu den Mitbewerbsprodukten aufweisen. Die Vorteile der einfachen und raschen Zubereitung für den modernen Single- oder Zweipersonenhaushalt (Convenience-Produkt) werden dabei erhalten bleiben.

Positionierung der Marke

Das Produkt wird im Premium-Segment positioniert.

Die Differenzierungspunkte sind:

- Natürlichkeit,
- Hochwertigkeit und
- Frische.

Die Nutzendimensionen für den Konsumenten sind:

- Die neue Tiefkühlsuppe schmeckt wie selbstgemacht
- Genuß auf natürliche Art
- Das Produkt entspricht modernen Ernährungs- und Lebensgewohnheiten

Begründung für den Konsumenten:

- Ganze Gemüsestücke,
- Rezeptur des Fonds und
- natürliche Würze.

Verwendungsanlässe

- Vorspeise
- Einzelmahlzeit für den kleinen Hunger zwischendurch

... der nächste Schritt: Welche Marktziele werden vereinbart?

Ein Marktanteil (Volumen) im gesamten Markt von 8 % in drei Jahren

Ein Marktanteil (Volumen) im gesamten Markt von 6 % in der nächsten Periode

Ein Marktanteil (Volumen) im Premium-Segment von 35 % (Marktführer) in drei Jahren

Ein Marktanteil (Volumen) im Premium-Segment von 15 % (Marktführer) in der nächsten Periode.

... der nächste Schritt: Welche Produktziele werden vereinbart?

Produktziele - Umsatz in 1000 ECU - 1997				
Produktziele 1997 Produktsegmente	**Umsatz 1996**	**Umsatz Plan 1997**	**Umsatz Plan 1998**	**Umsatz Plan 1999**
Feine Gemüsesuppe	10.140	15.210	25.350	30.420
Feine Broccolicremesuppe	5.915	9.802	12.675	20.280
Feine Zucchinicremesuppe	4.225	6.422	9.464	11.830
Feine Spinatcremesuppe	3.718	4.901	6.253	9.295
Summe Produktsegmente	**23.998**	**36.335**	**53.742**	**71.825**

Die Produktziele (wertmäßig: Umsatz in 1000 ECU) für den Tiefkühlsuppenhersteller

Produktziele - Absatz in Tonnen - 1997				
Produktziele 1997 Produktsegmente	**Absatz 1996**	**Absatz Plan 1997**	**Absatz Plan 1998**	**Absatz Plan 1999**
Feine Gemüsesuppe	600	900	1.500	1.800
Feine Broccolicremesuppe	350	580	750	1.200
Feine Zucchinicremesuppe	250	380	560	700
Feine Spinatcremesuppe	220	290	370	550
Summe Produktsegmente	**1.420**	**2.150**	**3.180**	**4.250**

Die Produktziele (mengenmäßig - Absatz in Tonnen) für den Tiefkühlsuppenhersteller

.... der nächste Schritt: Welche Kundenziele werden vereinbart?

Die Verteilung der Umsatzziele widerspiegelt die Umsatzkonzentration bei den Key Account Kunden. Für die nächste Planperiode erfolgt eine Steigerung bei allen Kundentypen. Tendenziell erfolgt eine abnehmende Bedeutung der Direktkunden bis zum Jahr 1999.

Umsatzziele

Kundenziele 1997 Kundentypen				
Kundenziele 1997 Kundentypen	**Umsatz 1996**	**Umsatz Plan 1997**	**Umsatz Plan 1998**	**Umsatz Plan 1999**
Regionale Direktkunden	240	363	537	359
Überregionale Direktkunden	480	727	1.075	718
Regionale Filialisten	1.200	1.817	2.687	3.232
Regionale Großhändler	1.440	2.180	3.225	3.591
Key Account Kunden	20.638	31.248	46.218	63.924
Summe aller Kundentypen	**23.998**	**36.335**	**53.742**	**71.825**

Die Kundenziele (wertmäßig: Umsatz in 1000 ECU) nach Kundentypen für den Tiefkühlsuppenhersteller

Kontaktziele

Bereits in der nächsten Planperiode wird die Umschichtung von Besuchskontakten zum Direct-mail- und Telefonkontakten begonnen. Die Kommunikation mit Partnern (Key Account Kunden) via Online-Netzwerken wird in der nächsten Planperiode vorbereitet.

Plankontakte 1997 - Kundentypen					
Kundentypen	**Klassische Medien Plan 1997**	**Brief Plan 1997**	**Telefon Plan 1997**	**Besuch Plan 1997**	**Summe Kontakte Plan 1997**
Regionale Direktkunden		400	220	30	**650**
Überregionale Direktkunden		600	350	40	**990**
Regionale Filialisten		200	8.000	1.000	**9.200**
Regionale Großhändler		200	14.000	250	**14.450**
Key Account Kunden		200	14.500	700	**15.400**
Gesamtsumme	**0**	**1.600**	**37.070**	**2.020**	**40.690**

Die Kontaktziele nach Kundentypen für den Tiefkühlsuppenhersteller

... der nächste Schritt: Welche Maßnahmen sind für die Erreichung der Ziele im Markt, Kunden- und Produktbereich erforderlich?

Maßnahmen 1997						
Nr.	**Strategische Meilensteine Maßnahmen**	**Datum Start**	**Datum Ende**	**Verantwortlich**	**Kontrolle**
1.	Entwicklung neue Produktverpackung	15. Okt 96	15. Jän 97	Marketing	Geschäftsf.
2.	Entwicklung Werbekampagne	2. Feb 97	28. Feb 97	Marketing	Geschäftsf.
3.	Produktion Werbemittel	3. Mai 97	25. Mär 97	Marketing	Geschäftsf.
4.	Produktion Werbemittel Handel	4. Apr 97	28. Apr 97	Vertrieb	Marketing
5.	Start Werbemaßnahmen Handel	10. Mai 97	20. Jun 97	Vertrieb	Marketing
6.	Einführungskonferenz Vertrieb	20. Mai 97	20. Mai 97	Vertrieb	Marketing
7.	Durchführung Verkaufsaktionen Zentral	15. Jun 97	1. Aug 97	Vertrieb	Marketing
8.	Durchführung Verkaufsaktionen Region	15. Jul 97	1. Aug 97	Vertrieb	Marketing
9.	Verkauf Handel	15. Aug 97	15. Sep 97	Vertrieb	Marketing
10.	Durchführung Endverbraucherpromotion	25. Aug 97	15. Okt 97	Marketing	Geschäftsf.

Die Marketing-Maßnahmen des Tiefkühlherstellers für die Umsetzung der Ziele

... der nächste Schritt. Welche Budgetmittel sind für die Erreichung der Ziele erforderlich?

Marketingbudget 1997	
Marktforschung	**450**
Motivforschung	150
Marktstudien	300
Produktentwicklung	**250**
Produktdesign	100
Produkttest	150
Kundenforschung	**300**
Kundenzufriedenheit	100
Kundenverhalten	150
Kundentrends	50
Kundenbindung	**100**
Kundenbindungsprogramme	50
Kundenveranstaltungen	50
Direktmarketing	**400**
Kundenaktivitäten	400
Marktaktivitäten	0
Produktaktivitäten	0
Telefonmarketing	**195**
Neukundengewinnung	0
Produktverkauf	150
Kundenbefragung	45
Klassische Werbung	**4.800**
Kampagneentwicklung	500
Werbemittelproduktion	800
Werbeetats	3.500
Mittlermarketing	**2.600**
Verkaufspromotion	1.400
Großkundenpromotion	1.200
Summe Marketingbudget	**9.095**
Umsatzziel	**36.335**
Budgetkennzahl	**25%**

2.3.4. Die Dokumentation für den Marketingplan

Sie konnten in diesem Kapitel Schritt für Schritt mitvollziehen, wie ein Marketingplan entsteht. Die Priorität lag bei der Darstellung im Ablauf der einzelnen Schritte. Für die Behandlung von Spezialthemen, zum Beispiel Key Account Management oder strategische Positionierung einer Marke etc., verweisen wir Sie auf die verfügbare Spezialliteratur.

Für die Dokumentation des Marketingplanes sollten Sie drei Punkte berücksichtigen:

- Erstens: Die umfangreichen Informationen der Analysephase sollten Sie nicht in die endgültige Darstellung des Marketingplanes übernehmen. Legen Sie diese Daten in Ihrem Archiv, am besten im elektronischen Archiv, ab.

- Zweitens: Fassen Sie die Fakten, die für die Entscheidungen relevant waren, in einem eigenen Dokument zusammen (Faktenbuch). Idealerweise ein Winword-Dokument.

- Drittens: Verwenden Sie nur die Schlüsselinformationen und Entscheidungsergebnisse, zum Beispiel Tabellen, für das Marketingplan-Dokument.

Der Marketingplan ist eine Entscheidungsgrundlage im Unternehmen. Die Schlüsselinformationen, die für die Geschäftsleitung und andere Unternehmensbereiche relevant sind, sollten knapp dargestellt werden. Weniger ist mehr!

Auf den folgenden Seiten sehen Sie eine mögliche Aufbereitung des Marketingplanes für den Hersteller von Tiefkühlsuppen. Berücksichtigen Sie bei der Darstellung, daß wir aus didaktischen Gründen für die Behandlung der einzelnen Schritte ein „Einproduktunternehmen“ konstruiert haben. Selbstverständlich sind im Marketingplan dieses Unternehmens noch andere Produktsegmente enthalten.

2.3.5. Die Fakten

Fakten

Wichtige **Erfolgsfaktoren** (Geschmack, Sortimentsbreite, Markenbekanntheit und Preiswürdigkeit) im Markt stellen derzeit Schwachpunkte des Unternehmens dar.

Die **Sortimentsbreite** innerhalb eines Produktsegmentes ist ein wichtiger Faktor für die Kaufentscheidung des Konsumenten.

Obwohl in diesem Segment ein durchschnittliches Marktwachstum von ca. 10 % besteht, ist der **Produktumsatz** für das Unternehmen rückläufig.

Die **Preiswürdigkeit** für das Produkt, d.h. akzeptabler Preisabstand zu den Standardprodukten, ist Voraussetzung für die Akzeptanz beim Konsumenten.

Die **werbliche Unterstützung** ist im Premium-Segment Voraussetzung für die Erreichung der Marktwachstumsziele.

Verkaufsförderungsmaßnahmen mit Gratisabgaben sind ein wirksames Instrument, um die Einführungsphase für das Produkt zu verkürzen.

Die **Markt- und Kundentrends** stellen für das Unternehmen Chancenpotentiale auf der Basis der Stärken dar.

Die **Ergebnisse der Produktentwicklung** ermöglichen den Abbau von Schwächen für wichtige Erfolgsfaktoren (Geschmack, Preis etc.).

Daten, Fakten, Entscheidungen, Ziele und Maßnahmen ...

Daten und Fakten sind die Basis für die „großen Strategien". Hausaufgaben könnte man dieses Sammeln, Auflisten, Umschreiben, Interpretieren etc. von Daten auch nennen. Das Jonglieren mit dem Datenmaterial entwickelt sich zur Kunst im Marketingbereich. Das elektronische Handwerkszeug ist dabei immer unerläßlicher. Diejenigen, die diese Instrumente sinnvoll einsetzen, gewinnen die Zeit für die Lösung von knackigen Denksportaufgaben.

Die eigenen Grenzen der Kreativität sollte man dabei auch beachten. Wirkliche Kreativität entsteht meistens außerhalb des operativen Tagesgeschäftes. Entscheiden Sie deshalb, ob Sie für die wirklich kreativen Aufgaben nicht doch lieber die Agentur beauftragen. Diese wird Ihnen für eine professionelle Aufbereitung der Daten, d.h. für die Erledigung der Hausaufgaben, sehr dankbar sein.

Leider ist die Praxis heute anders. Die Hausaufgaben werden mit der Übergabe der Kreativaufgaben an die Agentur weitergeleitet. Diese Vorgehensweise kann nicht gutgehen. Die Agentur wird für Ihre Kreativleistung und nicht für die Erstellung eines Marketingplanes bezahlt. Umgekehrt kann eine Agentur keine Entscheidungen erarbeiten, die letztlich Ihr Unternehmerrisiko betreffen.

Unser Vorschlag:

- Sie erstellen einen professionellen Marketingplan.
- Die Werbeagentur findet die richtigen Ideen für die kreative Umsetzung.

Viel Spaß bei der Entwicklung Ihres Marketingplanes.

2.4. Das Musterbeispiel für den Marketingplan

Musterbeispiel - Tiefkühlsuppen

Strategischer Marketingplan 1997

1. Marktdynamik

1.1. Marktstruktur

Das Tiefkühlsuppen-Segment hat im Markt von Fertigsuppen einen wertmäßigen Anteil von 3 %. Der Anteil in Tonnen beträgt 2 %.

Marktvolumen 1996				
Produktsegmente	**Volumen in ECU**	**Volumen Anteil in %**	**Absatz in Tonnen**	**Absatz-Anteil in %**
Premium-Trockensuppen	123.840	12%	9.600	10%
Tiefkühlsuppen	26.850	3%	1.500	2%
Standard-Trockensuppen	841.500	82%	85.000	87%
Dosensuppen	30.300	3%	2.020	2%
Summe Produktsegmente	**1.022.490**	**100%**	**98.120**	**100%**
Marktpotential:	1.400.000		140.000	
Marktvolumen:	1.022.490		98.120	
Marktsättigung in %	**73%**		**70%**	

Erfolgsfaktoren

Der wichtigste Erfolgsfaktor im Markt für Fertigsuppen ist die Produktqualität. Geschmack und Sortimentsbreite haben die Bedeutung 2 (Skala von 1 bis 5). Bei der Preiswürdigkeit ist ein akzeptabler Preisabstand (ca. 15 % Preispremium) zu den Produkten im Standard-Trockensuppen-Segment entscheidend.

Erfolgsfaktoren			
Erfolgsfaktoren	**Bedeutung im Markt 1 bis 5**	**Bewertung für Unternehmen von 1 bis 5**	**Differenzwert**
Produktqualität	1	1	0
Geschmack	2	3	-1
Sortimentsbreite	2	3	-1
Markenbekanntheit	3	4	-1
Preiswürdigkeit	3	4	-1
Verfügbarkeit	4	2	2

Zielgruppen

Die wichtigsten Zielgruppen sind die Single-Haushalte und die Kleinhaushalte im Marktgebiet.

1.2. Trends

- Generell liegt ein Trend zu höherwertigen Produkten vor.
- An das Geschmackserlebnis werden vom Konsumenten höhere Anforderungen gestellt.
- Die einfache und rasche Zubereitung der Fertigsuppen darf bei der Erreichung einer höheren Geschmacksqualität nicht beeinträchtigt werden.

Umweltbewußtsein, Gesundheitsbewußtsein und Preisbewußtsein kennzeichnen die Entwicklungen innerhalb der Zielgruppen.

Marktentwicklung für Tiefkühlsuppen

Marktentwicklung 1996 - 1997

Produktsegmente	**Volumen 1996**	**Volumen 1997**	**Marktwachstum Volumen in %**
Premium-Trockensuppen	123.840	142.000	15%
Tiefkühlsuppen	26.850	34.000	27%
Standard-Trockensuppen	841.500	895.000	6%
Dosensuppen	30.300	30.500	1%
Summe Produktsegmente	**1.022.490**	**1.101.500**	**8%**
Marktpotential:	1.400.000	1.400.000	0%
Marktvolumen:	1.022.490	1.090.500	7%
Marktsättigung in %	**73%**	**78%**	

Der **Gesamtmarkt** wird in der nächsten Periode um ca. 5 % wachsen.

Wertmäßig ist für die Premium-Segmente ein noch stärkeres Wachstum zu erwarten (überproportionaler Anstieg gegenüber der mengenmäßigen Entwicklung).

1.3. Mitbewerb

Die wesentlichen Mitbewerber sind der Mitbewerber D und Mitbewerber E. Beide sind die Hauptkonkurrenten im Premium-Segment.

Marktanteile 1996			
Rang-reihe	**Mitbewerber**	**Umsatz in 1000**	**Marktanteil Umsatz in %**
1	Mitbewerber A	152.460	15%
2	Mitbewerber B	123.750	12%
3	Mitbewerber C	89.100	9%
4	Mitbewerber D	67.200	7%
5	Mitbewerber E	46.800	5%
6	Eigenes Unternehmen	68.020	7%
7	Mitbewerber G	42.000	4%
8	Mitbewerber H	31.680	3%
9	Mitbewerber I	28.710	3%
10	Mitbewerber G	27.720	3%
	Marktabdeckung TOP 10	**677.440**	**66%**
	Marktvolumen	**1.022.490**	

Die Mitbewerbsintensität wird sich in den nächsten Jahren durch die Konzentration im Kundenbereich (Umsatzkonzentration im Handelsbereich) generell verschärfen.

Bei den Hauptmitbewerbern ist eine Fortsetzung der Aktivitäten (Werbung, Verkaufsförderungseinsätze etc.) im Premium-Segment zu erwarten.

Für die nächste Periode werden keine neuen Mitbewerber erwartet. Die Anzahl der Mitbewerber wird sich deshalb nicht verändern. Die Aktivitäten der Mitbewerber werden sich, wie in der vorangegangenen Periode, auf das Premium-Segment konzentrieren.

2. Kundenbeziehungen

2.1. Kundentypen

Kundentypen 1996			
Kundentypen	**Bezeichnung**	**Anzahl Kunden**	**Anzahl Filialen**
Kundentyp 1	Regionale Direktkunden	10	0
Kundentyp 2	Überregionale Direktkunden	15	0
Kundentyp 3	Regionale Filialisten	3	1.800
Kundentyp 4	Regionale Großhändler	4	2.200
Kundentyp 5	Key Account Kunden	7	3.500
Summe Kunden		**39**	**7.500**

Die Umsatzkonzentration im Handel wird weiter zunehmen. Obwohl in der nächsten Periode keine Veränderung hinsichtlich der Anzahl zu erwarten ist, werden mittelfristig (1998 bis 1999) weitere Konzentrationsbewegungen stattfinden.

2.2. Kontaktstruktur - Istkontakte nach Kundentypen

Istkontakte - Kundentypen - 1996					
Kundentypen	**Klassische Medien**	**Direct-mail**	**Istkontakte Telefon**	**Besuche**	**Summe**
Regionale Direktkunden		400	200	40	**640**
Überregionale Direktkunden		600	300	60	**960**
Regionale Filialisten			7.000	1.200	**8.200**
Regionale Großhändler			12.000	400	**12.400**
Key Account Kunden			14.000	800	**14.800**
Gesamtsumme	**0**	**1.000**	**33.500**	**2.500**	**37.000**

Für die Steigerung der Servicequalität im Kundenkontakt werden zusätzlich zu den Außendienstkontakten aktive Telefonmarketingaktionen durchgeführt.

Die Telefon- und Direct-mail-Kontakte werden zukünftig erhöht. Die Besuchskontakte des Außendienstes werden aufgrund der weiteren Durchdringung von Filialsystemen im Markt reduziert.

3. Marketingplan/Verkaufsplan 1997

3.1. Ziele

Strategische Ziele:

Marktziel: Marktanteil von 6 %

Marktwachstum von 5 % für das Produktsegment

Produktschwerpunkte:

Relaunch Tiefkühlsuppenprogramm

Produktziele - Umsatz - Absatz - Deckungsbeitrag

Produktziele - Umsatz in 1000 ECU - 1997

Produktziele 1997 Produktsegmente	Umsatz 1996	Umsatz Plan 1997	Umsatz Plan 1998	Umsatz Plan 1999
Feine Gemüsesuppe	10.140	15.210	25.350	30.420
Feine Broccolicremesuppe	5.915	9.802	12.675	20.280
Feine Zucchinicremesuppe	4.225	6.422	9.464	11.830
Feine Spinatcremesuppe	3.718	4.901	6.253	9.295
Summe Produktsegmente	**23.998**	**36.335**	**53.742**	**71.825**

Produktziele - Absatz in Tonnen - 1997

Produktziele 1997 Produktsegmente	Absatz 1996	Absatz Plan 1997	Absatz Plan 1998	Absatz Plan 1999
Feine Gemüsesuppe	600	900	1.500	1.800
Feine Broccolicremesuppe	350	580	750	1.200
Feine Zucchinicremesuppe	250	380	560	700
Feine Spinatcremesuppe	220	290	370	550
Summe Produktsegmente	**1.420**	**2.150**	**3.180**	**4.250**

Produktziele - Deckungsbeitrag - 1997

Produktziele 1997 Produktsegmente	Deckungs-beitrag 1996	DB Plan 1997	DB Plan 1998	DB Plan 1999
Feine Gemüsesuppe	2.028	3.042	5.070	6.084
Feine Broccolicremesuppe	1.183	1.960	2.535	4.056
Feine Zucchinicremesuppe	845	1.284	1.893	2.366
Feine Spinatcremesuppe	744	980	1.251	1.859
Summe Produktsegmente	**4.800**	**7.267**	**10.748**	**14.365**

Kundenziele:

Kundenziele 1997 Kundentypen				
Kundenziele 1997 Kundentypen	**Umsatz 1996**	**Umsatz Plan 1997**	**Umsatz Plan 1998**	**Umsatz Plan 1999**
Regionale Direktkunden	240	363	537	359
Überregionale Direktkunden	480	727	1.075	718
Regionale Filialisten	1.200	1.817	2.687	3.232
Regionale Großhändler	1.440	2.180	3.225	3.591
Key Account Kunden	20.638	31.248	46.218	63.924
Summe aller Kundentypen	**23.998**	**36.335**	**53.742**	**71.825**

Verkaufsziele:

Verkaufsziele 1997 - Absatzgebiete				
Verkaufsziele Absatzgebiete	**Umsatz 1996**	**Umsatz Plan 1997**	**Umsatz Plan 1998**	**Umsatz Plan 1999**
West	6.000	9.084	13.436	6.000
Ost	2.400	3.634	5.374	2.400
Nord	8.399	12.717	18.810	8.399
Süd	7.199	10.901	16.123	7.199
Summe	**23.998**	**36.335**	**53.742**	**71.825**

Kontaktziele:

Plankontakte 1997 - Kundentypen					
Kundentypen	**Klassische Medien Plan 1997**	**Brief Plan 1997**	**Telefon Plan 1997**	**Besuch Plan 1997**	**Summe Kontakte Plan 1997**
Regionale Direktkunden		400	220	30	**650**
Überregionale Direktkunden		600	350	40	**990**
Regionale Filialisten		200	8.000	1.000	**9.200**
Regionale Großhändler		200	14.000	250	**14.450**
Key Account Kunden		200	14.500	700	**15.400**
Gesamtsumme	**0**	**1.600**	**37.070**	**2.020**	**40.690**

3.2. Maßnahmen

Maßnahmen 1997					
Nr.	Strategische Meilensteine Maßnahmen	Datum Start	Datum Ende	Verantwortlich	Kontrolle
1.	Entwicklung neue Produktverpackung	15. Okt 96	15. Jän 97	Marketing	Geschäftsf.
2.	Entwicklung Werbekampagne	2. Feb 97	28. Feb 97	Marketing	Geschäftsf.
3.	Produktion Werbemittel	3. Mai 97	25. Mär 97	Marketing	Geschäftsf.
4.	Produktion Werbemittel Handel	4. Apr 97	28. Apr 97	Vertrieb	Marketing
5.	Start Werbemaßnahmen Handel	10. Mai 97	20. Jun 97	Vertrieb	Marketing
6.	Einführungskonferenz Vertrieb	20. Mai 97	20. Mai 97	Vertrieb	Marketing
7.	Durchführung Verkaufsaktionen Zentral	15. Jun 97	1. Aug 97	Vertrieb	Marketing
8.	Durchführung Verkaufsaktionen Region	15. Jul 97	1. Aug 97	Vertrieb	Marketing
9.	Verkauf Handel	15. Aug 97	15. Sep 97	Vertrieb	Marketing
10.	Durchführung Endverbraucherpromotion	25. Aug 97	15. Okt 97	Marketing	Geschäftsf.

Im Mittelpunkt der Maßnahmen steht der geplante Relaunch des Produktsegmentes Tiefkühlsuppen. Die Umsetzung der Marketingmaßnahmen wird vor der beginnenden Hauptsaison im Spätsommer 1997 gestartet.

3.3. Budget

Marketingbudget 1997	
Marktforschung	**450**
Motivforschung	150
Marktstudien	300
Produktentwicklung	**250**
Produktdesign	100
Produkttest	150
Kundenforschung	**300**
Kundenzufriedenheit	100
Kundenverhalten	150
Kundentrends	50
Kundenbindung	**100**
Kundenbindungsprogramme	50
Kundenveranstaltungen	50
Direktmarketing	**400**
Kundenaktivitäten	400
Marktaktivitäten	0
Produktaktivitäten	0
Telefonmarketing	**195**
Neukundengewinnung	0
Produktverkauf	150
Kundenbefragung	45
Klassische Werbung	**4.800**
Kampagneentwicklung	500
Werbemittelproduktion	800
Werbeetats	3.500
Mittlermarketing	**2.600**
Verkaufspromotion	1.400
Großkundenpromotion	1.200
Summe Marketingbudget	**9.095**
Umsatzziel	**36.335**
Budgetkennzahl	**25%**

3. Fallstudien

Die folgenden Fallstudien geben Ihnen eine Möglichkeit, anhand mehrerer Beispiele die Systematik eines Marketingplanes kennenzulernen.

Die Namen der Firmen und die Daten haben wir dabei völlig verändert. Es geht hier nicht um die Publikation von vertraulichen Daten oder Informationen von Unternehmen. Wichtig ist die Darstellung der Strukturen und die mögliche Form einer Präsentation des Marketingplanes in Ihrem Unternehmen.

Der Marketingplan für ein Hotel

Bei diesem Marketingplan möchten wir Sie besonders auf die moderne Form der anlaßorientierten Produktsegmentierung hinweisen. Obwohl das Produkt in der Interaktion zwischen Mitarbeiter und Kunde entsteht, sollten entsprechend den Zielsetzungen zielgruppenorientierte Produkte verwirklicht werden.

Der Tourismus ist in Europa auf dem Weg zur Industrie. Die markt- und zielgruppenorientierte Herstellung des Produktes beginnt daher bereits bei den baulichen Maßnahmen eines Hotels. Mit den anlaßorientierten Produktsegmenten erhalten Sie dann die notwendige Flexibilität, die Sie je nach Bedürfnis benötigen, um Produktpackages für Ihre Gäste zu kreieren.

Der Marketingplan für den Computerhändler

Bei diesem Beispiel haben wir den Wert auf die Problematik Profitoptimierung durch Kundenbindungsprogramme gelegt. Ständige

Innovationen und sinkende Hardwarepreise erfordern den Aufbau eines lukrativen Zubehörgeschäftes. Zufriedene Kunden sind auch profitable Kunden.

Der Marketingplan für eine Bankfiliale

Das klassische „Geldgeschäft“ hat ausgedient. Banken entwickeln sich zu modernen Finanzdienstleistungsunternehmen. Damit bestehen die gleichen Herausforderungen wie im Tourismus (Hotel). Ständig sind neue, den Bedürfnissen angepaßte Produktpackages für die Kunden zu kreieren. Damit die Systematik für die Unternehmenssteuerung dabei nicht verloren geht, sind anlaßorientierte Produktsegmente zu empfehlen. Innerhalb dieser Segmente können dann unterschiedlichste Produktbausteine für die einzelnen Zielgruppen bedarfsorientiert miteinander kombiniert werden. Servicequalität ist wichtiger denn je. Deshalb sollten Qualitätsstandards bereits bei der Produktentwicklung berücksichtigt werden.

3.1. Der Marketingplan für ein Hotel

3.1.1. Einführung in das Fallbeispiel Hotel-Marketingplan

Sicherlich haben Sie schon öfter in einem Hotel übernachtet. Entweder Sie haben Ihren Urlaub in einem Hotel verbracht, oder Sie waren auf Geschäftsreise und haben in einem Hotel übernachtet.

Für unser Fallbeispiel haben wir ein Stadthotel ausgewählt. In einem Stadthotel haben Sie generell zwei große Produktbereiche, nämlich den Geschäftsgast und den Privatgast.

Für die Strukturierung des Marktes könnten Sie natürlich auch die Grundprodukte, zum Beispiel Nächtigungen (Logis) oder Verpflegung (Restaurants etc.), heranziehen. Dieser traditionelle Segmentierungsansatz ist jedoch nicht mehr zweckmäßig.

Einerseits werden im Tourismus, wie in vielen anderen Branchen auch, vom Endverbraucher „Bedarfsbündel“ nachgefragt. Das heißt, der Gast kauft ein „Kulturwochenende inklusive Übernachtung, Frühstück, Theaterkarten etc.“, und nicht nur die Übernachtung im Hotel.

Andererseits spielen die Serviceleistungen heute eine dominierende Rolle. Servicequalitätsstandards können aber nur im Zusammenhang mit zielgruppenspezifischen Produktleistungen optimiert werden. Der Privatgast hat andere Erwartungen hinsichtlich der Qualitätsstandards als der Geschäftsreisende.

Die Segmentierung, die für das Musterhotel verwendet wird, ist daher das Segment Geschäftsreise (allgemeine und besondere Anlässe) und das Segment Privatreise (allgemeine und besondere Anlässe).

Der Tourismus kann hier als beispielgebend für andere Branchen herangezogen werden. Auch für Banken und Versicherungen ergibt sich die Notwendigkeit, Produkte für besondere Anlässe und Bedarfsfälle zu entwickeln.

Die Integration der Servicequalitätsstandards spielt dabei eine wichtige Rolle. Besonders in einem Hotel ist die Kundenzufriedenheit dafür entscheidend, ob der Gast bei seinem nächsten Aufenthalt wieder in diesem Hotel absteigen wird.

Da ein Hotel an einen Standard gebunden ist (Ort des Hotels), sind die Absatzgebiete für die Verkaufsstatistik die Herkunftsländer, aus denen die Gäste anreisen.

Zielgruppen für ein Hotel werden heute üblicherweise nach Life-Style-Kriterien definiert (Etablierte, Romantiker etc.). Die Atmosphäre eines Hotels ist ebenso Produktbestandteil wie der Grundnutzen schlafen und essen. Nur mit soziodemografischen Kriterien hätten Sie bei modernen Marketingkonzepten (zum Beispiel Reduktionsmarketing) kein Auslangen.

Im Gegensatz zum Markenartikelbereich bestehen für ein Hotel jedoch auch direkte Kundenbeziehungen zu den Personen der Zielgruppe. „Herr Müller“ als Gast des Hotels ist nicht nur Person der Zielgruppe, sondern direkt auch Kunde des Hotels (direkte Kundenbeziehung, direkter Dienstleistungsempfänger, direkter Zahlungsfluß zwischen Kunden und Leistungsanbieter). Im Vergleich zum Markenartikelgeschäft ist die Person der Zielgruppe zwar Empfänger einer Botschaft (Werbung), nicht jedoch der Kunde. Der Kunde des Markenartikelherstellers ist die Handelszentrale.

Diese Entscheidung ist von grundlegender Bedeutung für die Festlegung der Marketingentscheidungen. Für das Hotel werden daher Kundendatenbanken und Direktmarketinginstrumente sehr wichtig sein, da eine direkte, personifizierte Ansprache des Kunden erfolgt.

Die Kundenstruktur des Musterhotels beinhaltet daher sowohl Privatkunden als auch Firmenkunden (Seminargeschäft etc.). Ebenso ist eine Unterscheidung in Kundenarten (Kalte Adressen eines Adreßverlages, Interessenten, Kunden, Stammkunden etc.) für das Datenbankmarketing wichtig.

Die Besonderheiten des Dienstleistungsmarketings lesen Sie in einschlägigen Literaturtiteln. Die Erfahrungen der Tourismusindustrie sind für alle Branchen sehr wichtig, denn der Tourismus ist die Königsdisziplin für die Gestaltung des direkten Kontaktes zwischen Mitarbeiter und Kunden. Unter dem Gesichtspunkt von Total Quality Service sind die Erfahrungen dieses Bereiches auch für andere Industrie- und Dienstleistungen äußerst nützlich.

3.1.2. Die Fakten für den Hotel-Marketingplan

Im folgenden werden die wichtigsten Fakten dargestellt. Der Entwicklungsprozeß für die Erarbeitung der Fakten ist natürlich ident mit den Ausführungen des Beispiels Tiefkühlsuppe im zweiten Kapitel. Der Weg ist das Ziel. Die Begriffe und Datenquellen ändern sich, aber der systematische Weg für die Durcharbeitung der Hausaufgaben bleibt bei der Entwicklung Ihres Marketingplanes derselbe.

Marktstruktur

- Das Hotel befindet sich in einem Markt, in dem das Segment „Geschäftliche Anlässe" 54 Prozent des gesamten Marktes beträgt.
- Das Marktpotential ist noch nicht ausgeschöpft (Kennzahl 77 %).
- Zu den wichtigsten Erfolgsfaktoren in diesem Markt gehören Servicequalität, Standort, Funktionalität, Produktqualität, Komfort und Preiswürdigkeit. Der Kunde will also in erster Linie Service und Qualität, erst in zweiter Linie wird dann mit dem Mitbewerb verglichen, wer das beste Preis-/Leistungsverhältnis bietet.
- Das Hotel ist in einem Markt mit beträchtlichen Überkapazitäten.
- Der Marktanteil des Musterhotels beträgt 13 % auf der Basis des realisierten Umsatzes.

Marktvolumen 1996				
Produktsegmente	Volumen in 1000 ECU	Volumen Anteil in %	Absatz in Einheiten	Absatz-Anteil in %
Geschäftsreise allgemeine Anlässe	38.000	39%	400	36%
Geschäftsreise besondere Anlässe	18.000	18%	200	18%
Privatreise allgemeine Anlässe	26.000	27%	300	27%
Privatreise besondere Anlässe	16.000	16%	220	20%
Summe Produktsegmente	**98.000**	**100%**	**1.120**	**100%**
Marktpotential:	127.140		1.800	
Marktvolumen:	98.000		1.120	
Marktsättigung in %	**77%**		**62%**	

Tabelle Marktvolumen/Musterhotel

Markttrends

- Generell besteht ein Marktwachstum von ca. 6 %.
- Im Marktsegment „Privatreise besondere Anlässe" wird ein Rückgang von 6 % gegenüber dem Vorjahr verzeichnet.
- Der Rückgang ist stark auf das Ausbleiben der traditionellen Zielgruppe der „Beharrer" zurückzuführen (Ergebnisse der Marktforschung).

Marktperspektiven

- Für die nächsten drei Jahre ist ein Anhalten des Wachstumstrends im Bereich Geschäftsreise durch vermehrte Betriebsansiedlungen anzunehmen.
- Geplante kulturelle Veranstaltungen werden auch für den privaten Bereich weitere Wachstumschancen für diesen Standort bieten.

Kundenstruktur

- Das Musterhotel hat ca. 650 direkte Kunden. Die Akquisition der Privatgäste erfolgt vorwiegend über Mittler (Reisegruppen).
- Die Anzahl von Referenzkunden (Vermittler, Agenturen etc.) ist überproportional vertreten.

- Generell ist die Anzahl der Kontakte für die bestehende Mitbewerbsintensität zu gering.
- Die Istkontakte zeigen, daß Kundenarten „Kalte Adressen" und „Interessenten" mit Direct-mails bearbeitet werden. Die Streuverluste sind sehr hoch.
- Bestehende Kunden (Neukunden, Kunden und Stammkunden) wurden in die Direct-mail-Aktivitäten nicht miteinbezogen.
- Die Kundenzufriedenheit beträgt generell 3,2 (Bewertung zwischen eins und fünf - Schulnotensystem).

Kundentrends

- Die Anforderungen der Kunden im Hinblick auf Servicequalität wird zunehmen.
- Die Aufenthaltsdauer ist generell rückläufig.
- Kurzurlaube zu besonderen Anlässen zeigen eine steigende Tendenz.
- Die Firmen- und Privatkunden haben eine deutliche Präferenz für „Paketangebote" gegenüber Einzelleistungen.
- Die Anzahl der Firmenkunden wird weiterhin zunehmen.
- Die Anzahl der Privatkunden ist nur leicht steigend.

Kundenperspektiven

- Die Kundenanzahl soll um 20 % gesteigert werden. Die Neukundenakquisition wird gezielt im Firmenkundenbereich durchgeführt.
- Der Stammkundenanteil soll um 15 % erhöht werden (Firmen- und Privatkunden).
- Der Anteil der Firmenkunden soll 60 % der Kunden betragen.

- Die Kundenzufriedenheit soll in drei Jahren den Wert 2,5 erreichen.

Strategie-Status

- Die Positionierung als Qualitätshotel mit gutem Preis-/Leistungsverhältnis ist ausbaufähig (kein Luxushotel, aber deutliche Servicedifferenzierungen gegenüber den Economy-Hotels).
- Im Bereich der Servicequalität (Freundlichkeit und Kompetenz der Mitarbeiter) bestehen Schwächen (Kundenforschung).
- Für den Firmen- und Privatbereich bestehen zuwenig Produktpakete „Bündelangebote“ für Aktivitäten.
- Der Privatbereich allgemeine Anlässe ist sinkend, jedoch geringer als der allgemeine Marktrückgang.

Strategieentwicklung

- Für Firmen- und Privatbereich sind vordringlich neue Produktpakete zu generieren. Die Produktschwerpunkte sind in den folgenden Produktgruppen zu setzen:

Produktportfolio 1996 - 1997				
Nr.	**Produktsegmente im Markt**	**Volumen 1996**	**Volumen Plan 1997**	**Geplantes Wachstum in %**
1	Individuelle Geschäftsreise	2.600.000	2.800.000	7%
2	Delegationen	200.000	200.000	0%
3	Tagungen & Seminare	1.500.000	1.600.000	6%
4	Incentives	400.000	600.000	33%
5	Kongress & Messen	1.000.000	1.000.000	0%
6	Wochenendarrangement	800.000	1.000.000	20%
7	Städtereisen	800.000	700.000	-14%
8	Rundreise	300.000	300.000	0%
9	Feiertagsarrangements	200.000	210.000	5%
10	Kultur und Special Interest	200.000	200.000	0%
	Marktvolumen	**98.000.000**	**104.000.000**	**6%**

Tabelle Produktportfolio/Wachstum

- Die Kontakte werden von den Kundenarten „Kalte Adressen“ und „Interessenten“ zu den „Neukunden“, „Kunden“ und „Stammkunden“ verlagert.
- Die Kontaktanzahl wird generell erhöht.

Strategieperspektiven

- Festigung der gewählten Positionierung.
- Differenzierung im Servicebereich durch ständige Überprüfung der Kundenzufriedenheit.
- Absichern des Marktanteiles trotz zusätzlicher neuer Mitbewerber im Markt.

3.1.3. Das Musterbeispiel für den Hotel-Marketingplan

Musterhotel

Strategischer Marketingplan 1997

INHALTE — *Seite*

1. Marktdynamik

1.1. Marktstruktur

Die Musterstadt ist eine Stadt primär für Geschäftsreisende. Weiterhin ist mit Wachstumschancen im Bereich Geschäftsreise zu rechnen.

Der relevante Markt für das Musterhotel sind die dargestellten Produktsegmente. Die durchschnittliche Auslastung in der Musterstadt beträgt nur ca. 62%.

Marktvolumen 1996				
Produktsegmente	**Volumen in 1000 ECU**	**Volumen Anteil in %**	**Absatz in Einheiten**	**Absatz-Anteil in %**
Geschäftsreise allgemeine Anlässe	38.000	39%	400	36%
Geschäftsreise besondere Anlässe	18.000	18%	200	18%
Privatreise allgemeine Anlässe	26.000	27%	300	27%
Privatreise besondere Anlässe	16.000	16%	220	20%
Summe Produktsegmente	**98.000**	**100%**	**1.120**	**100%**
Marktpotential:	127.140		1.800	
Marktvolumen:	98.000		1.120	
Marktsättigung in %	**77%**		**62%**	

Erfolgsfaktoren

Erfolgsfaktoren			
Erfolgsfaktoren	**Bedeutung im Markt 1 bis 5**	**Bewertung für Unternehmen von 1 bis 5**	**Differenzwert**
Servicequalität	1	3	-2
Standort	2	3	-1
Funktionalität	3	3	0
Produktqualität	3	2	1
Komfort	3	2	1
Preiswürdigkeit	4	2	2

Zielgruppen

Die Zielgruppe im relevanten Markt schätzt Qualität, jedoch ohne Übertreibung. Die modernen Life-Styles geben Geld für Qualität aus, achten jedoch auf Funktionalität und guten Service, d.h., sie sind auch am Grundnutzen interessiert.

Absatzgebiete

Der Inlandsmarkt und hier vor allem der lokale Markt haben absolute Priorität.

1.2. Trends

Entwicklung der Produktsegmente

Das Thema Qualität im Sinne der ISO-Normen und der verschiedenen Quality Awards wird ein beherrschendes Thema der nächsten Jahre.

Entwicklung der Zielgruppensegmente

Umweltbewußtsein, Gesundheitsbewußtsein und Preisbewußtsein kennzeichnen die Entwicklungen innerhalb der Zielgruppen.

Kaufverhalten

Servicequalität und Qualitätsgarantien sowie die Funktionalität im Rahmen der Ausstattungsqualität werden das Kaufverhalten stark beeinflussen.

1.3. Mitbewerb

Das Musterhotel liegt mit 8 % Marktanteil sowohl beim Umsatz als auch beim Absatz an dritter Stelle der Top-Ten-Mitbewerber.

Marktanteile 1996

Rangreihe	Mitbewerber	Umsatz in 1000	Marktanteil Umsatz in %	Absatz in 1000 Einheiten	Marktanteil Absatz in %
1	Berghotel	9.000	9%	95	8%
2	Hotel Plaza	8.600	9%	88	8%
3	Musterhotel	8.000	8%	83	7%
4	Kongresshotel	7.000	7%	80	7%
5	Airport Hotel	6.000	6%	70	6%
6	Hotel National	6.000	6%	70	6%
7	Hotel Ritz	5.000	5%	51	5%
8	Clubhotel	5.000	5%	54	5%
9	Dorfhotel	4.500	5%	58	5%
10	Seminarhotel	4.000	4%	54	5%
	Marktabdeckung TOP 10	**63.100**	**64%**	**703**	**63%**
	Marktvolumen	**98.000**		**1.120**	

2. Kundenbeziehungen

2.1. Kundentypen

Kundentypen 1996		
Kundentypen	**Bezeichnung**	**Anzahl Kunden**
Kundentyp 1	Konsumenten/Benutzer	300
Kundentyp 2	Profit-Organisationen	150
Kundentyp 3	Non-profit-Organisationen	50
Kundentyp 4	Mittler	100
Kundentyp 5	Referenzkunden	50
Summe Kunden		**650**

In den letzten Jahren konzentrierte sich das Musterhotel auf die Kundengewinnung über Mittler, diese sind dementsprechend stark vertreten.

2.2. Kundenarten

Kundenarten 1996		
Kundenarten	**Bezeichnung**	**Anzahl Kunden**
Kundenart 1	Kalte Adressen	150
Kundenart 2	Interessenten	110
Kundenart 3	Kauf-Interessenten	40
Kundenart 4	Neukunden	30
Kundenart 5	Kunden	200
Kundenart 6	Stammkunden	120
Summe Kunden		**650**

Die hohe Anzahl der Kunden und Stammkunden, weist auf eine veraltete Kundenstruktur hin. Der Stammkundenanteil im Vergleich zu den Kunden ist gering, was das Qualitätsargument (Stammkunden) ad absurdum führt. Für die Neukundenakquisition besteht dringender Handlungsbedarf.

3. Marketingplan/Verkaufsplan 1997

3.1. Ziele

Strategische Ziele:

Marktziele: *Absicherung des Marktanteiles von 8 % (Umsatz)*

Produktziele: *Erreichung eines Umsatzzieles von 9.290 ECU*
Steigerung des GOP-Zieles von 2,5 auf 3 %
Einführung von vier neuen Produktpackages für das Segment Geschäftsreise (Bündelangebote)
Neukonzeption Restaurant

Kundenziele: *Erhöhung der Kontaktanzahl auf 1.686.300*

Kundenzufriedenheit:

Steigerung der Kundenzufriedenheit von 3,1 auf 2,5 (Skala 1 bis 5).

Produktziele (Umsatz - DB - Nächtigungen)

Produktziele - Umsatz - 1997

Produktziele 1996/97 Umsatz/Absatz alle Produktsegmente	Umsatz Hoch-rechnung in ECU 1995	Umsatz Plan 1996 in ECU	Umsatz Plan 1997 in ECU	Umsatz Plan 1998 in ECU
Geschäftsreise allgemeine Anlässe	2.800.000	3.000.000	3.380.000	3.500.000
Geschäftsreise besondere Anlässe	2.900.000	3.200.000	3.500.000	3.700.000
Privatreise allgemeine Anlässe	1.600.000	1.700.000	1.700.000	1.700.000
Privatreise besondere Anlässe	700.000	710.000	710.000	720.000
Summe Produktsegmente	**8.000.000**	**8.610.000**	**9.290.000**	**9.620.000**

Kundenziele: Kundentypen/Kundenarten/Kundenklassen

Kundenziele 1997 - Kundentypen				
Kundenziele 1997 Kundentypen	**Umsatz 1996**	**Umsatz Plan 1997**	**Umsatz Plan 1998**	**Umsatz Plan 1999**
Konsument/Benutzer	2.800.000	3.000.000	3.300.000	3.300.000
Profit-Organisationen	1.800.000	2.000.000	2.200.000	2.200.000
Non-profit-Organisationen	850.000	900.000	950.000	950.000
Mittler	2.370.000	2.510.000	2.770.000	2.770.000
Referenzgruppen	180.000	200.000	70.000	70.000
Summe aller Kundentypen	**8.000.000**	**8.610.000**	**9.290.000**	**9.290.000**

Kundenziele 1997 - Kundenarten				
Kundenziele 1997 Kundenarten	**Umsatz 1996**	**Umsatz Plan 1997**	**Umsatz Plan 1998**	**Umsatz Plan 1999**
Neukunden	800.000	900.000	800.000	800.000
Kunden	3.200.000	3.500.000	3.800.000	3.800.000
Stammkunden	4.000.000	4.210.000	4.690.000	4.690.000
Summe aller Kundenarten	**8.000.000**	**8.610.000**	**9.290.000**	**9.290.000**

Kundenziele 1997 - Kundenklassen				
Kundenziele 1997 Kundenklassen	**Umsatz 1996**	**Umsatz Plan 1997**	**Umsatz Plan 1998**	**Umsatz Plan 1999**
Großkunden (A-Kunden)	4.000.000	4.200.000	4.500.000	4.500.000
B-Kunden	3.000.000	3.200.000	3.500.000	3.500.000
C-Kunden	1.000.000	1.210.000	1.290.000	1.290.000
Summe aller Kundenklassen	**8.000.000**	**8.610.000**	**9.290.000**	**9.290.000**

Verkaufsziele:

Verkaufsziele - Musterhotel				
Verkaufsziele Absatzgebiete	**Umsatz 1996**	**Umsatz Plan 1997**	**Umsatz Plan 1998**	**Umsatz Plan 1999**
Inland	6.000.000	6.300.000	6.500.000	6.500.000
Ausland	2.000.000	2.310.000	2.790.000	2.790.000
Summe	**8.000.000**	**8.610.000**	**9.290.000**	**9.290.000**

Kontaktziele:

Plankontakte 1997 - Kundentypen					
Kundentypen	**Klassische Medien Plan 1997**	**Brief Plan 1997**	**Telefon Plan 1997**	**Besuch Plan 1997**	**Summe Kontakte Plan 1997**
Konsumenten/Benutzer	1.035.000	12.000	1.000	0	1.048.000
Profit-Organisationen	181.000	9.000	2.500	300	192.800
Non-profit-Organisationen	32.000	3.000	1.500	150	36.650
Mittler	386.000	8.000	3.000	200	397.200
Referenzkunden	8.000	2.000	1.600	50	11.650
Gesamtsumme	**1.642.000**	**34.000**	**9.600**	**700**	**1.686.300**

Plankontakte 1997 - Kundenarten					
Kundenarten	**Klassische Medien Plan 1997**	**Brief Plan 1997**	**Telefon Plan 1997**	**Besuch Plan 1997**	**Summe Kontakte Plan 1997**
Kalte Adresse	600.000	5.000	0	0	605.000
Interessent	38.500	9.000	0	0	47.500
TOP-Interessent	15.500	6.000	2.500	150	24.150
Neukunde	213.000	3.000	2.500	150	218.650
Kunde	448.000	7.000	3.000	150	458.150
Stammkunden	327.000	4.000	1.600	250	332.850
Gesamtsumme	**1.642.000**	**34.000**	**9.600**	**700**	**1.686.300**

3.2. Maßnahmen

Maßnahmen 1997					
Nr.	**Strategische Meilensteine Maßnahmen**	**Datum Start**	**Datum Ende**	**Verantwortlich**	**Kontrolle**
1.	Neukonzeption des Restaurants	1. Jän 97	15. Jän 97	Marketing	Geschäftsf.
2.	Ausarbeitung von Bündelangeboten	16. Jän 97	25. Jän 97	Marketing	Geschäftsf.
3.	Ausarbeitung von Briefings	25. Jän 97	10. Feb 97	Marketing	Geschäftsf.
4.	Frühjahrsaktion	1. Feb 97	28. Feb 97	Vertrieb	Marketing
5.	Sommeraktion	1. Mai 97	31. Mai 97	Vertrieb	Marketing
6.	Herbstaktion	1. Aug 97	31. Aug 97	Vertrieb	Marketing
7.	Winteraktion	1. Nov 97	30. Nov 97	Vertrieb	Marketing
8.	Verkaufsreise Italien	28. Jän 97	10. Feb 97	Vertrieb	Marketing
9.	Verkaufsreise Deutschland	25. Feb 97	10. Mär 97	Vertrieb	Marketing

3.3. Budget

Marketingbudget 1997	
Marktforschung	**12.000**
Motivforschung	5.000
Marktstudien	7.000
Produktentwicklung	**20.000**
Produktdesign	10.000
Produkttest	10.000
Kundenforschung	**9.000**
Kundenzufriedenheit	5.000
Kundenverhalten	2.000
Kundentrends	2.000
Kundenbindung	**40.000**
Kundenbindungsprogramme	20.000
Kundenveranstaltungen	20.000
Direktmarketing	**100.000**
Kundenaktivitäten	50.000
Marktaktivitäten	50.000
Produktaktivitäten	0
Telefonmarketing	**25.000**
Neukundengewinnung	20.000
Produktverkauf	0
Kundenbefragung	5.000
Klassische Werbung	**100.000**
Kampagneentwicklung	10.000
Werbemittelproduktion	60.000
Werbeetats	30.000
Mittlermarketing	**120.000**
Verkaufspromotion	90.000
Großkundenpromotion	30.000
Summe Marketingbudget	**426.000**
Umsatzziel	**8.610.000**
Budgetkennzahl	**4,95%**

3.2. Der Marketingplan für den Computerhändler

3.2.1. Einführung in das Fallbeispiel Marketingplan für den Computerhändler

Des einen Freud, des anderen Leid. Sicherlich haben Sie sich über die rapid fallenden Hardwarepreise in den letzten Jahren sehr gefreut. Die PC-Hardware wird laufend wesentlich leistungsfähiger und wesentlich billiger.

Für einen Computerhändler ist diese - seit Jahren unveränderte - Entwicklung eine Herausforderung. Steigende Fixkosten müssen durch stetige Expansion - bei sinkenden Umsatzerlösen je Kaufakt - kompensiert werden. Dazu kommt die ungeheure Dynamik des Geschäftes. Der Produktlebenszyklus beträgt für viele Hardware-Produkte beinahe nur mehr 6 Monate.

Das Stetigste in diesem Handel ist der rapide Wandel. Die Struktur des Hardwaregeschäftes hat es mit sich gebracht, daß Software zu einem dominierenden Sortimentsbestandteil wurde. In der Zwischenzeit herrschen auch in diesem Segment ähnliche Verhältnisse wie im Hardwarebereich. Serviceprodukte sind die nächste Etappe für diese Branche.

Die Entwicklung dieses Geschäftsbereiches liest sich anhand der Marketingpläne wie ein spannender Roman. Die Aussagekraft von Darstellungen der Produktsegmente an sich spricht Bände:

Vor vielen Jahren waren die typischen Produktsegmente eines „Büromaschinenhändlers“ wie folgt:

- Kopiergeräte
- Schreibmaschinen
- Bürogeräte
- Bürobedarf
- Papierzubehör
- etc.

Bereits die Produktsegmente Drucker und PC waren innovativen Fachhändlern vorbehalten.

Vom traditionellen Bürofachhandel zum Kopiergerätehändler hin zum PC-Handel. Von der Hardware über die Software zum Dienstleistungsanbieter. Für einen modernen Computerhändler sind heute folgende Produktsegmente erforderlich:

- PC-Hardware
- Software
- Telekommunikation
- EDV-Zubehör
- Service/Technik
- EDV-Dienstleistungen

Nur mit der richtigen Bedarfsbündelung von Hardware und Dienstleistungen können sich Computerhändler heute gegenüber den Billigpreisanbietern und PC-Superstores durchsetzen. Der Wettbewerb ist beinhart, der Kampf wird direkt an der Kundenfront entschieden.

Ob die strategische Positionierung eines Computerhändlers stimmt oder nicht, läßt sich bereits bei den Produktsegmenten „ablesen“.

Dies gilt natürlich auch für andere Branchen. Die Struktur der Produktsegmente erzählt die strategische Geschichte eines Unternehmens. Deshalb ist es wichtig, den Marketingplan so zu gestalten, daß eine Perspektive von mindestens drei Jahren aufgezeigt wird. Sie sehen damit die strukturellen Veränderungen, die sich in einem Unternehmen bzw. in einer Branche ereignen.

Durch den intensiven Preiswettbewerb hervorgerufene sinkende Deckungsbeiträge stellen für den Computerhandel (steigende Fixkosten etc.) enorme Probleme dar. Dennoch bietet sich die Chance für den Aufbau von profitablen Kundenbeziehungen durch die hohe Kundenfrequenz im Verkaufsgeschäft. Leider bleibt dieses „anonyme“ Potential an Kundenkontakten oft ungenutzt.

Sehen Sie in diesem Fallbeispiel, wie dieser Unternehmer versucht, durch Kundenbindungsprogramme und gezielte Aktivitäten im Zubehörbereich die Deckungsbeiträge je Kundentyp zu optimieren.

3.2.2. Die Fakten für den Marketingplan des Computerhändlers

Marktstruktur

- Der Markt für PC-Geräte ist in diesem Absatzgebiet wachsend.
- Das Marktsegment für Speichermedien steigt überproportional im Vergleich zu den PC-Steigerungsraten.
- Der mobile Einsatzbereich gehört zu den wachsenden Segmenten.
- Die Kundenanzahl im betrieblichen Bereich ist stagnierend.
- Die Klein- und Mittelbetriebe (10 bis 500 Personen) sind im Absatzgebiet mit einem Anteil von 60 % vertreten.

Markttrends

- Das Wachstum im Hardwarebereich wird weiterhin anhalten.
- Der Käufer sucht das Vertrauen des Fachhändlers.

- Markenartikel gewinnen, bei einem akzeptablen Preisabstand zu Diskontprodukten, wieder an Bedeutung.

Marktperspektiven

- Die Hardwarepreise werden weiterhin fallen. Die Leistungsfähigkeit wird zunehmen.
- Telekommunikations- und Computerprodukte werden miteinander verschmelzen.
- Die Bedeutung der Netzwerke wird zusätzliche Nachfrage nach PCs und Telekommunikationszubehör erfordern.

Kundenstruktur

- Den höchsten Anteil an der Kundenstruktur haben die Geschäftskunden (Kunden, die das Geschäft aufsuchen und Kleinartikel kaufen oder Produkte nachfragen).
- Die Kunden des Klein- und Mittelbetriebsbereiches stellen die wichtigsten Kundentypen des Computerhändlers dar.

Kundentrends

- Die Anzahl der Kunden ist stagnierend.
- Die Anzahl der Stammkunden hat sich in den letzten Jahren nicht verändert.
- Die Kunden haben durchschnittlich pro Jahr ca. 2,6 Kaufakte.

Kundenperspektiven

- Veränderung der Kundenstruktur von „anonymen“ Geschäftskunden zu Direktkunden.
- Erhöhung der Anzahl an Stammkunden.

Strategie-Status

- Sinkende Deckungsbeiträge.
- Stark steigende Absatzzahlen im Hardwarebereich.
- Geringe Kontaktanzahl bei Direct-mail-, Telefon- und Außendienstkontakten.

Strategieentwicklung

- Optimierung der Deckungsbeitragsziele.
- Forcierung des Produktsegmentes Speichermedien.
- Entwicklung von Bedarfsbündeln im Zubehörbereich bzw. Nachkaufbereich (Toner und Papier).
- Erhöhung der Kaufakte pro Jahr auf durchschnittlich 3 Kaufakte.
- Entwicklung von Kundenbindungsprogrammen für die Erhöhung der Anzahl von Direktkunden und Stammkunden (mindestens vier Kaufakte pro Jahr).
- Veränderung des Kontakt-Mix von Geschäftskontakten zu aktiven Telefon- und Direct-mail-Kontakten (Durchführung von Nachkaufbetreuungsaktionen zur Deckungsbeitragssteigerung).

Strategieperspektiven

- Positionierung als Anbieter von EDV-Lösungen für den Klein- und Mittelbetrieb.
- Ausweitung des Zubehörgeschäftes.
- Aufbau von Informations- und Beratungsleistungen.

3.2.3. Das Musterbeispiel für den Marketingplan des Computerhändlers

Computerhändler

Strategischer Marketingplan 1997

INHALTE *Seite*

1. Marktdynamik

1.1. Marktstruktur

Die Marktstruktur zeigt hohe Anteile in den traditionellen Segmenten. Dies ist auf die Klein- und Mittelbetriebsstruktur in diesem Marktgebiet zurückzuführen.

Marktvolumen 1996		
Produktsegmente	**Volumen in 1000 ECU**	**Volumen Anteil in %**
Kopiergeräte	10.000	41%
PCs	**7.900**	**32%**
Lap Tops	1.800	7%
Desk Tops	4.500	18%
Server-PCs	1.600	7%
Drucker	1.850	8%
Zubehör PC - Drucker	1.500	6%
Verbrauchsmaterial Büro	1.200	5%
Dienstleistungen	2.000	8%
Summe Produktsegmente	**24.450**	**100%**
Marktpotential:	30.000	
Marktvolumen:	24.450	
Marktsättigung in %	**82%**	

Erfolgsfaktoren

Erfolgsfaktoren			
Erfolgsfaktoren	**Bedeutung im Markt 1 bis 5**	**Bewertung für Unternehmen von 1 bis 5**	**Differenzwert**
Fachliche Beratung	2	1	1
Technischer Service	3	2	1
Sortiment	1	2	-1
Produktqualität	2	2	0
Preiswürdigkeit	1	2	-1
Standort	2	3	-1

1.2. Trends

- Das Wachstum im Hardwarebereich wird weiterhin anhalten. Moderne Softwareprodukte erfordern höhere Speicherkapazitäten.
- Die Diskontkanäle geraten - wegen mangelhaftem Service - stark unter Druck.
- Der Käufer sucht aufgrund von negativen Erfahrungen im Diskontbereich erneut das Vertrauen des Fachhändlers.
- Markenartikel gewinnen, bei einem akzeptablen Preisabstand zu Diskontprodukten, wieder an Bedeutung.

Marktentwicklung

Marktentwicklung 1996 - 1997

Produktsegmente	**Volumen 1996**	**Volumen 1997**	**Marktwachstum Volumen in %**
Kopiergeräte	10.000	10.500	5%
PCs	**7.900**	**9.500**	20%
Lap Tops	1.800	2.200	22%
Desk Tops	4.500	5.500	22%
Server-PCs	1.600	1.800	13%
Drucker	1.850	2.000	8%
Zubehör PC - Drucker	1.500	1.800	20%
Verbrauchsmaterial Büro	1.200	1.400	17%
Dienstleistungen	2.000	2.100	5%
Summe Produktsegmente	**24.450**	**27.300**	**12%**
Marktpotential:	30.000	40.000	33%
Marktvolumen:	24.450	28.000	15%
Marktsättigung in %	**82%**	**70%**	

Die PC-Hardware wird insgesamt um ca. 20 % wachsen. Das Wachstum wird einerseits durch den mobilen Bereich (Lap Tops) getragen, andererseits tragen moderne, speicherintensive Softwareprogramme zu zusätzlichen Hardwareumsätzen bei.

1.3. Mitbewerb

Der Marktführer konnte die Position in diesem Absatzgebiet halten.

Für die Absicherung des Marktanteiles von 8 % werden besondere Marktanstrengungen erforderlich sein. Besonders durch die Stagnation der Betriebsansiedlungen ist mit einer Intensivierung des Mitbewerbs zu rechnen.

Marktanteile 1996

Rangreihe	Mitbewerber	Umsatz in 1000 ECU	Marktanteil Umsatz in %
1	Computerhändler 7	3.100	13%
2	Musterhändler	2.000	8%
3	Computerhändler 4	1.800	7%
4	Computerhändler 9	1.400	6%
5	Computerhändler 2	1.150	5%
6	Computerhändler 1	1.120	5%
7	Computerhändler 10	950	4%
8	Computerhändler 3	800	3%
9	Computerhändler 8	800	3%
10	Computerhändler 6	500	2%
	Marktabdeckung TOP 10	**13.620**	**56%**
	Marktvolumen	24.450	

Für die nächste Periode wird die Neueröffnung eines internationalen Fachmarktes erwartet.

2. Kundenbeziehungen

2.1. Kundentypen

Kundentypen 1996		
Kundentypen	**Bezeichnung**	**Anzahl Kunden**
Kundentyp 1	Home/Privat	800
Kundentyp 2	Kleinbetriebe	1.500
Kundentyp 3	Mittelbetriebe	2.500
Kundentyp 4	Großbetriebe	200
Kundentyp 5	Öffentlicher Bereich	800
Summe Kunden		**5.800**

Die Klein- und Mittelbetriebe stellen mit 4.000 Kunden den höchsten Anteil. Durch gezielte Maßnahmen wird eine Intensivierung der Kundenbeziehung angestrebt, die zu einer höheren Kauffrequenz in diesem Bereich führen sollte.

2.2. Kundenarten

Kundenarten 1996		
Kundenarten	**Bezeichnung**	**Anzahl Kunden**
Kundenart 1	Kalte Adressen	1.000
Kundenart 2	Interessenten	300
Kundenart 3	Leads	200
Kundenart 4	Neukunden	800
Kundenart 5	Kunden	3.000
Kundenart 6	Stammkunden	500
Summe Kunden		**5.800**

Die hohe Anzahl von „Kalten Adressen“ ist auf die Aktivitäten im Geschäftslokal zurückzuführen. Hinkünftig werden gezielte Maßnahmen für die Qualifizierung von anonymen Kunden vorgenommen.

3. Marketingplan/Verkaufsplan 1996

3.1. Ziele

Strategische Ziele:

Marktziele: *Absicherung des Marktanteiles von 8 % (Umsatz)*

Produktziele: *Steigerung des Umsatzes von 2 auf 2,4 Mio. ECU*

Überproportionale Steigerung des Deckungsbeitrages durch Ausweitung des Zubehörgeschäftes (von 500.000 auf 608.000 ECU)

Steigerung des Marktanteiles im Segment Drucker

Durchführung von 4 Schwerpunktaktionen für Zubehörprodukte

Kundenziele: *Erhöhung der Kauffrequenz von 2 auf 3 Kaufakte*

Kundenzufriedenheit:

Steigerung der Kundenzufriedenheit von 2,9 auf 2,7 (Skala 1 bis 5)

Produktziele Umsatz - Deckungsbeitrag 1997

Produktziele - Umsatz - 1997				
Produktziele 1997 Produktsegmente	**Umsatz 1996**	**Umsatz Plan 1997**	**Umsatz Plan 1998**	**Umsatz Plan 1999**
Kopiergeräte	80.000	92.000	105.800	121.670
PCs	1.200.000	1.478.000	1.821.800	2.247.215
Lap Tops	160.000	192.000	230.400	276.480
Desk Tops	900.000	1.125.000	1.406.250	1.757.813
Server-PCs	140.000	161.000	185.150	212.923
Drucker	320.000	368.000	423.200	486.680
Zubehör PC - Drucker	250.000	312.500	384.375	538.125
Verbrauchsmaterial Büro	100.000	115.000	132.250	152.088
Dienstleistungen	50.000	57.500	66.125	76.044
Summe Produktsegmente	**2.000.000**	**2.423.000**	**2.933.550**	**3.621.821**

Produktziele - Deckungsbeitrag - 1997				
Produktziele 1997 Produktsegmente	**Deckungs-beitrag 1996**	**DB Plan 1997**	**DB Plan 1998**	**DB Plan 1999**
Kopiergeräte	20.000	23.000	26.450	30.418
PCs	300.000	369.500	455.450	561.804
Lap Tops	40.000	48.000	57.600	69.120
Desk Tops	225.000	281.250	351.563	439.453
Server-PCs	35.000	40.250	46.288	53.231
Drucker	80.000	92.000	105.800	121.670
Zubehör PC - Drucker	62.500	81.250	99.938	139.913
Verbrauchsmaterial Büro	25.000	28.750	33.063	38.022
Dienstleistungen	12.500	14.375	16.531	19.011
Summe Produktsegmente	**500.000**	**608.875**	**737.231**	**910.837**

Kundenziele Umsatz je Kundentyp 1997

Kundenziele 1997 - Kundentypen				
Kundenziele 1997 Kundentypen	**Umsatz 1996**	**Umsatz Plan 1997**	**Umsatz Plan 1998**	**Umsatz Plan 1999**
Home/Privat	350.000	424.025	513.371	633.819
Kleinbetriebe	630.000	763.245	924.068	1.140.874
Mittelbetriebe	450.000	545.175	660.049	814.910
Großbetriebe	320.000	387.680	469.368	579.491
Öffentlicher Bereich	250.000	302.875	366.694	452.728
Summe aller Kundentypen	**2.000.000**	**2.423.000**	**2.933.550**	**3.621.821**

Kontaktziele je Kundentyp 1997

Plankontakte 1997 - Kundentypen					
Kundentypen	E-Mail	Direct-mail	Istkontakte Telefon	Besuche	Summe
Home/Privat	0			0	0
Kleinbetriebe	1.000	4.000	500	0	5.500
Mittelbetriebe	5.000	3.500	4.000	150	12.650
Großbetriebe	500	4.000	400	200	5.100
Öffentlicher Bereich	300	1.800	200	40	2.340
Gesamtsumme	**6.800**	**13.300**	**5.100**	**390**	**25.590**

Für die Steigerung der Kauffrequenz bei Klein- und Mittelbetrieben erfolgt eine Erhöhung der Brief- und Telefonkontakte. Werbeaktionen per E-Mail werden im nächsten Jahr erstmalig eingeführt und getestet.

3.2. Maßnahmen

Maßnahmen 1997				
Nr.	Strategische Meilensteine Maßnahmen	Datum Start	Datum Ende	Verantwortlich
1.	Werbeaktion Drucker - Direct-mail	15. Okt 96	15. Jän 97	Marketing
2.	Werbeaktion Drucker - E-Mail	2. Feb 97	28. Feb 97	Marketing
3.	Direct-mail Zubehör Drucker	3. Mai 97	25. Mär 97	Marketing
4.	Telefonaktion Zubehör Drucker	4. Apr 97	28. Apr 97	Vertrieb
5.	Kundenveranstaltung Server-PC	10. Mai 97	20. Jun 97	Vertrieb
6.	Direct-mail Lap Top	20. Mai 97	20. Mai 97	Marketing
7.	Direct-mail Zubehör Drucker	15. Jun 97	1. Aug 97	Marketing
8.	Telefonaktion Zubehör Drucker	15. Jul 97	1. Aug 97	Vertrieb
9.	Werbeaktion PC - E-Mail	15. Aug 97	15. Aug 97	Marketing

Zusätzlich zu den Schwerpunktaktionen werden die regulären monatlichen Kundeninformationen mit den aktuellen Aktionen durchgeführt.

Auch die Standardaktionen werden mit Telefonmarketingmaßnahmen bei jeweils ausgewählten Kundengruppen unterstützt.

3.3. Budget

Marketingbudget 1997	
Kundenforschung	**50.000**
Kundenzufriedenheit	50.000
Kundenverhalten	0
Kundentrends	0
Kundenbindung	**30.000**
Kundenbindungsprogramme	30.000
Kundenveranstaltungen	0
Direktmarketing	**65.000**
Kundenaktivitäten	25.000
Marktaktivitäten	10.000
Produktaktivitäten	30.000
Telefonmarketing	**100.000**
Neukundengewinnung	10.000
Produktverkauf	75.000
Kundenbefragung	15.000
Summe Marketingbudget	**245.000**
Umsatzziel	**2.423.000**
Budgetkennzahl	**10%**

3.3. Der Marketingplan für die Bankfiliale

3.3.1. Einführung in das Fallbeispiel Marketingplan für die Bankfiliale

Münzen, Banknoten, Plastikgeld, Bankomat, Kreditkarten, Telebanking. Virtuelles Geld im Netzwerk - Cybercash?

Geld hat nichts von seiner Faszination eingebüßt. Die Form des Geldes hat sich in den letzten Jahren allerdings gravierend verändert.

In gleichem Maße hat sich auch das Kaufverhalten der Kunden geändert. Wer hätte sich vor einigen Jahren gedacht, daß man für den Kauf eines Bankproduktes auf die nächste Aktion wartet? Die Konditionsangebote werden durch kritische Kunden heute genauso verglichen wie die wöchentlichen Angebote des Supermarktes um die Ecke.

Die technologische Entwicklung von interaktivem Fernsehen und Netzwerken, zum Beispiel Internet, bringt die Information direkt in das Wohnzimmer des Kunden.

Die Herausforderung Kundenbindung und Kundenzufriedenheit ist im Bankengeschäft stärker denn je. Die Kundenzufriedenheit ist dabei nicht nur Ausdruck der persönlichen Beziehung und des Vertrauensverhältnisses zwischen Kunde und Mitarbeiter des Bankinstitutes. Kundenzufriedenheit bedeutet Optimierung der Serviceprozesse für moderne Finanzdienstleistungsprodukte.

Was ist ein Bankprodukt? - Geld? - Kredit? Dienstleistung ist die umfassende Lösung eines Bedarfsfalles. Nehmen wir das Beispiel Unternehmensgründungskredit. Ein entwickeltes, modernes Finanzdienstleistungsprodukt wird hierfür eine Fülle von Serviceleistungen für den Jungunternehmer bieten. Welche Behördenwege sind zu erfüllen? - Welche Möglichkeiten von Förderungen gibt es innerhalb der Europäischen Union für Unternehmensneugründungen? - Welche wichtigen Punkte im rechtlichen Bereich sollten bei der Unternehmensgründung berücksichtigt werden?

Wie sind die Serviceprozesse für dieses Produkt zu gestalten, damit der Kunde wirklich zufrieden ist? - Welche unnötigen administrativen Arbeitsschritte sollten vermieden werden, damit der Kredit möglichst rasch und servicefreundlich für den zukünftigen Kunden verfügbar ist? Trotzdem sollten die Aspekte der Kreditprüfung, die auch eine Sicherheit für den Kunden darstellen, berücksichtigt werden.

Die Gestaltung der Serviceprozesse und der Interaktionen mit dem Kunden ist heute wesentlicher Bestandteil der Produktpolitik. Für welche Fragen benötigen wir die Aufmerksamkeit des Kunden? Welche Tätigkeiten stellen nur administrative Störfaktoren im Kundengespräch dar und sollten besser automatisiert oder im Back Office erledigt werden?

Die Automatisierung des Geldgeschäftes spart Geld und bringt Zeit für die Beratungsgespräche. Diese Erkenntnis haben Bankinstitute längst gewonnen. Jedoch, wie können Banken den Kunden effizient für das Beratungsgespräch gewinnen? Wo werden diese Beratungsgespräche geführt? Wie wird die Interaktion Kunde und Mitarbeiter für verschiedene Produkte inszeniert? Diese Fragen sind offene Felder für Marketingspezialisten in einer Bank. Eines sollte man dabei besonders berücksichtigen: Über Kundenzufriedenheit zu reden ist zuwenig. Die Umsetzung der Kundenzufriedenheit beginnt beim eigenen Mitarbeiter. Ihr Mitarbeiter ist Ihr wichtigster Kunde!

Traditionelle Produktsegmentierungen im Bankgeschäft orientierten sich an den klassischen Bankprodukten:

- Einlagegeschäfte

- Kredite
- Veranlagungen
- etc.

Die Liste könnte beliebig verlängert werden.

Sehen Sie sich im Vergleich dazu diesen Ansatz einer anlaßorientierten Segmentierung an:

- Firmenkunden - allgemeine Anlässe
- Firmenkunden - besondere Anlässe
- Privatkunden - allgemeine Anlässe
- Privatkunden - besondere Anlässe

Die Schwerpunkte für die Produkte sind für eine Bank, aus der Sicht der Zielgruppe betrachtet, die Privatkunden und die Firmenkunden.

Für Privatkunden und Firmenkunden gibt es allgemeine und besondere Anlässe, weshalb diese Kunden Ihre Bankfiliale aufsuchen könnten.

Allgemeine Anlässe im privaten Bereich sind das Gehaltskonto und die Scheckkarte. Diese gehören heute schon zur selbstverständlichen Ausstattung für die Abwicklung der täglichen Geldgeschäfte.

Ein besonderer Anlaß im privaten Bereich könnte die Wohnraumbeschaffung sein. Denken Sie jetzt nicht gleich an den Bausparvertrag oder an den Wohnungskredit. Denken Sie zunächst einmal an die Probleme, die Ihr Kunde hat:

- Welche Punkte sind bei der Unterzeichnung eines Mietvertrages oder Kaufvertrages zu berücksichtigen?
- Wie kann die Übersiedlung kostengünstig und effizient gelöst werden?

- Welche günstigen Einkaufsquellen gibt es für Einrichtungsgegenstände?

- Wie wird der Kaufpreis optimal finanziert?

Die Liste kann beliebig verlängert werden. Sie erkennen, daß die Probleme des Kunden Ihnen zahlreiche Ansätze geben, Ihr „Bankprodukt" näher zum tatsächlichen Bedarfsfall des Kunden zu bringen.

Stellen Sie sich jetzt ein Beratungsgespräch mit diesem Kunden vor. Wieviel Beratung und gute Tips kann der Kundenbetreuer seinem Kunden geben? - Wie zufrieden wird der Kunde mit dem Beratungsgespräch sein, wenn er viele für sein Problem nützliche Hinweise aus diesem Beratungsgespräch mitnehmen kann?

Eine langjährige persönliche Beziehung zwischen Ihrem Kunden und dem Berater ist von Vorteil. Wenn in diesem Gespräch aber nur über das Wetter oder über die gute alte Zeit gesprochen wird, dann ist das Ergebnis ein „Leerlaufgespräch". Kostbarste Zeit des Kunden und Ihres hochbezahlten Kundenberaters werden sinnlos vergeudet.

Kundenzufriedenheit wird durch den Nutzen eines Beratungsgespräches und einer Dienstleistung erzielt. Die Produktentwicklung für moderne Finanzdienstleistungen ist sehr komplex. Und am Ende sogar eine Kunst. Eine Kunst deshalb, weil das komplexe Produkt für ein ganzes Bedarfsbündel „auf den Punkt" zu bringen ist. Anders ist es in einer ohnedies schon komplexen Organisation nicht umsetzbar.

Die Kundenzufriedenheit beginnt in der Produktentwicklung. Die Produktentwicklung umfaßt die Serviceleistungen des gesamten Bedarfsbündels für ein Problem, zum Beispiel Wohnraumbeschaffung. Für das gesamte Produkt sind aber auch die dazugehörigen Serviceprozesse zu entwickeln. Wie wird das Produkt in der Interaktion Kunde und Mitarbeiter plaziert? Wie wird das Beratungsgespräch inszeniert (Ort, Atmosphäre, Gesprächsablauf, Präsentationsmittel etc.)?

Die anlaßorientierte Segmentierung des Produktbereiches gibt Ihnen die Möglichkeit, für die Produktentwicklung flexibel Produktmodule und Serviceleistungen miteinander zu verbinden. Der Überblick über die mittelfristige Entwicklung der einzelnen Segmente (Privatkunden und Firmenkunden) geht Ihnen dabei nicht verloren. Die Flexibilität spielt sich in der zweiten Hierarchieebene ab. Moderne EDV-Systeme unterstützen Sie bei der Aufbereitung der Daten.

In diesem Bereich könnten Banken und Versicherungen für die Gestaltung moderner Finanzdienstleistungsprodukte sehr viel vom Tourismus lernen.

3.3.2. Die Fakten für den Marketingplan der Bankfiliale

Marktstruktur

- In dieser Region sind ca. 78.000 Haushalte und ca. 25.000 Betriebe. Die Aufteilung der Betriebe nach Betriebsgrößen entspricht der durchschnittlichen Aufteilung in diesem Bundesland.

Markttrends

- Die Entwicklung der Kaufkraft beträgt ca.+2,1 % in diesem Absatzgebiet.
- Die Anzahl der Firmenkunden wird in der nächsten Periode um ca. 1 Prozent wachsen. Die Begründung liegt in der aktiven Betriebsansiedelungspolitik der Region.
- Die Anzahl der privaten Haushalte wird geringfügig wachsen.
- Das Wirtschaftswachstum wird in diesem Gebiet über dem bundesweiten Durchschnitt liegen.

Marktperspektiven

- Durch die Investitionspolitik der ansässigen Unternehmen und die zukünftigen Investitionsprojekte wird das Marktgebiet an Attraktivität für den Firmenkundenbereich gewinnen.

Kundentrends

- Die Anzahl der Firmenkunden hat sich in den letzten Jahren nicht verändert.
- Die Anzahl der Privatkunden ist leicht gestiegen.
- Hinsichtlich der Produkte für den Privatbereich ist ein erhöhtes Kostenbewußtsein festzustellen. Konditionsvergleiche und Verhandlungen werden von Kunden aktiv geführt.
- Zwanzig Prozent der in diesem Gebiet neugegründeten Firmen haben das zweite Geschäftsjahr nicht erlebt. Eine hohe Insolvenzziffer von Unternehmensneugründungen ist zu beobachten.

Kundenperspektiven

- Die Anzahl der Firmenkunden sollte generell erhöht werden.
- Das Segment Klein- und Mittelbetriebe sollte sowohl von der Kundenanzahl als auch vom Anteil des Geschäftsvolumens erhöht werden.

Strategie-Status

- Die Bankfiliale bietet das Produktsegment einer Universalbank.
- Die Filiale wurde erst vor einigen Jahren gegründet. Die Marktanteilsposition in diesem Markt ist daher hinter den etablierten Mitbewerbern und unter dem generellen Marktanteil des Institutes.

Strategieentwicklung

- Neukundengewinnung im Firmenkundenbereich.
- Intensivierung des Firmengeschäftes mit Klein- und Mittelbetrieben.
- Kundenbindungsprogramme im VIP-Privatbereich mit Cross Selling Aktionen.

Strategieperspektiven

- Positionierung als modernes, technologieorientiertes Finanzdienstleistungsinstitut.
- Führend im Marktsegment Klein- und Mittelbetriebskunden.
- Im Privatkundenbereich selektive Akquisition im beratungsintensiven Spitzenmarkt.

3.3.3. Das Musterbeispiel für den Marketingplan einer Bankfiliale

Die Bankfiliale

Strategischer Marketingplan 1997

INHALTE ***Seite***

1. Marktdynamik

1.1. Marktstruktur

Marktvolumen 1996		
Produktsegmente	**Volumen in 1000 ECU**	**Volumen Anteil in %**
Firmenkunden allgemeine Anlässe	5.000.000	21%
Firmenkunden besondere Anlässe	3.000.000	13%
Privatkunden allgemeine Anlässe	6.000.000	25%
Privatkunden besondere Anlässe	2.000.000	8%
Öffentliche Anlässe	8.000.000	33%
Summe Produktsegmente	**24.000.000**	**100%**
Marktpotential:	26.000.000	
Marktvolumen:	24.000.000	
Marktsättigung in %	**92%**	

Erfolgsfaktoren

Erfolgsfaktoren			
Erfolgsfaktoren	**Bedeutung im Markt 1 bis 5**	**Bewertung für Unternehmen von 1 bis 5**	**Differenzwert**
Servicequalität	3	2	1
Kompetenz	1	2	-1
Konditionen	2	2	0
Standort	3	2	1
Betreuung	2	3	-1

- In dieser Region sind ca. 78.000 Haushalte und ca. 25.000 Betriebe. Die Aufteilung der Betriebe nach Betriebsgrößen entspricht der durchschnittlichen Aufteilung in diesem Bundesland.

1.2. Trends

Markttrends

- Die Entwicklung der Kaufkraft beträgt ca. +2,1 % in diesem Absatzgebiet.
- Die Anzahl der Firmenkunden wird in der nächsten Periode um ca. 1 Prozent wachsen. Die Begründung liegt in der aktiven Betriebsansiedelungspolitik der Region.

Kundentrends

- Hinsichtlich der Produkte für den Privatbereich ist ein erhöhtes Kostenbewußtsein festzustellen. Konditionsvergleiche und Verhandlungen werden von Kunden aktiv geführt.
- Zwanzig Prozent der in diesem Gebiet neu gegründeten Firmen haben das zweite Geschäftsjahr nicht erlebt. Eine hohe Insolvenzziffer von Unternehmensneugründungen ist zu beobachten.

Marktentwicklung 1996 - 1997			
Produktsegmente	**Volumen 1996**	**Volumen 1997**	**Markt-wachstum Volumen in %**
Firmenkunden allgemeine Anlässe	5.000.000	5.100.000	2,00%
Firmenkunden besondere Anlässe	3.000.000	3.200.000	6,67%
Privatkunden allgemeine Anlässe	6.000.000	6.050.000	0,83%
Privatkunden besondere Anlässe	2.000.000	2.200.000	10,00%
Öffentliche Anlässe	8.000.000	8.000.000	0,00%
Summe Produktsegmente	**24.000.000**	**24.550.000**	**2,29%**
Marktpotential:	26.000.000	26.400.000	1,54%
Marktvolumen:	24.000.000	24.550.000	2,29%
Marktsättigung in %	**92%**	**93%**	

1.3. Mitbewerb

Marktanteile 1996			
Rang-reihe	**Mitbewerber**	**Umsatz in 1000 ECU**	**Marktanteil Umsatz in %**
1	Mitbewerber Bankfiliale 1	2.400.000	17%
2	Mitbewerber Bankfiliale 2	2.200.000	15%
3	Mitbewerber Bankfiliale 3	1.900.000	13%
4	Mitbewerber Bankfiliale 4	1.700.000	12%
5	Mitbewerber Bankfiliale 5	1.400.000	10%
6	Mitbewerber Bankfiliale 6	1.300.000	9%
7	Mitbewerber Bankfiliale 7	1.200.000	8%
8	Eigene Bankfiliale	985.100	7%
9	Mitbewerber Bankfiliale 8	700.000	5%
10	Mitbewerber Bankfiliale 9	650.000	5%
	Marktabdeckung TOP 10	**14.435.100**	**60%**
	Marktvolumen	**24.000.000**	

Die eigene Bankfiliale hat in diesem Absatzgebiet einen Marktanteil von 7 %. Dieser Marktanteil, der deutlich unter dem bundesweiten Marktanteil des Institutes liegt, ist auf den späten Markteintritt in dieser Region zurückzuführen.

Gegenüber den Mitbewerbern wird versucht, durch gezielte Maßnahmen in ausgewählten Segmenten (Firmenkunden Klein- und Mittelbetriebe und VIP-Privatkunden) mit ausgewählten Produktpaketen die Marktanteilsposition zu verbessern.

Die Mitbewerbssituation wird sich in der nächsten Geschäftsperiode generell verschärfen, da andere Institute einen aktiven Konditionenwettbewerb bei Firmen- und Privatkunden angekündigt haben.

Zusätzlich werden von etablierten Mitbewerbern in dieser Region zwei neue Filialen in diesem Absatzgebiet eröffnet.

2. Kundenbeziehungen

2.1. Kundentypen

Kundentypen 1996		
Kundentypen	**Bezeichnung**	**Anzahl Kunden**
Kundentyp 1	Firmenkunden Klein/Mittel	700
Kundentyp 2	Firmenkunden Groß	120
Kundentyp 3	Privatkunden	2.500
Kundentyp 4	Privatkunden VIP	320
Kundentyp 5	Öffentlicher Bereich	25
Summe Kunden		**3.665**

Die Klein- und Mittelbetriebe sind mit 700 Kunden unterrepräsentiert. Im Privatkunden-VIP-Bereich ist eine Abdeckung über dem durchschnittlichen Marktanteil gelungen, die Position wird durch die Verbesserung des Kundenservice und durch neue Produktentwicklungen für dieses Segment ausgebaut.

2.2. Kundenarten

Für die Neukundenakquisition im Firmenkundenbereich wurden 8.000 Adressen von einem Adreßverlag zugekauft. Daraus konnten 1.200 Interessenten gewonnen werden, die in der nächsten Periode aktiv bearbeitet werden.

Kundenarten 1996		
Kundenarten	**Bezeichnung**	**Anzahl Kunden**
Kundenart 1	Kalte Adressen	8.000
Kundenart 2	Interessenten	1.200
Kundenart 3	Kauf-Interessenten	40
Kundenart 4	Neukunden	25
Kundenart 5	Kunden	3.190
Kundenart 6	Stammkunden	450
Summe Kunden		**12.905**

3. Marketingplan/Verkaufsplan 1996

3.1. Ziele

Strategische Ziele:

Marktziele:	*Erhöhung des Marktanteiles von 7 auf 7,5 % (Umsatz)*
Produktziele:	*Steigerung des Umsatzes von 985 Mio. auf 1.009 Mio. ECU*

Produktschwerpunkte:

Firmenkunden - besondere Anlässe
VIP-Privatkunden - besondere Anlässe

Kundenziele: *Steigerung der Erträge um 2,5 %*

Kundensegmentschwerpunkte:

Firmenkunden Klein- und Mittelbetriebe
VIP-Privatkunden

Kundenzufriedenheit:

Steigerung der Kundenzufriedenheit von 2,8 auf 2,4 (Skala 1 bis 5)

Produktziele Umsatz - Ertrag 1997

Produktziele - 1997 - Ertrag in ECU				
Produktziele 1996/97 Umsatz alle Produktsegmente	**Umsatz 1996**	**Umsatz Plan 1997**	**Umsatz Plan 1998**	**Umsatz Plan 1999**
Firmenkunden allgemeine Anlässe	64.000.000	65.000.000	69.000.000	73.000.000
Firmenkunden besondere Anlässe	92.000.000	104.000.000	108.000.000	114.000.000
Privatkunden allgemeine Anlässe	800.000.000	801.000.000	802.000.000	802.000.000
Privatkunden besondere Anlässe	25.600.000	36.000.000	40.500.000	42.000.000
Öffentlicher Bereich	3.500.000	3.700.000	3.900.000	4.200.000
Summe Produktsegmente	**985.100.000**	**1.009.700.000**	**1.023.400.000**	**1.035.200.000**

Produktziele - 1997 - Umsatz in ECU				
Produktziele 1996/97 Erträge alle Produktsegmente	**Umsatz 1996**	**Umsatz Plan 1997**	**Umsatz Plan 1998**	**Umsatz Plan 1999**
Firmenkunden allgemeine Anlässe	16.000.000	16.250.000	17.250.000	18.250.000
Firmenkunden besondere Anlässe	23.000.000	26.000.000	27.000.000	28.500.000
Privatkunden allgemeine Anlässe	200.000.000	200.250.000	200.500.000	200.500.000
Privatkunden besondere Anlässe	6.400.000	9.000.000	10.125.000	10.500.000
Öffentlicher Bereich	875.000	925.000	975.000	1.050.000
Summe Produktsegmente	**246.275.000**	**252.425.000**	**255.850.000**	**258.800.000**

Kundenziele Umsatz je Kundentyp 1997

Kundenziele 1997 - Kundentypen - Umsatz in ECU				
Kundenziele 1997 Kundentypen	**Umsatz 1996**	**Umsatz Plan 1997**	**Umsatz Plan 1998**	**Umsatz Plan 1999**
Firmenkunden Klein/Mittel	84.000.000	95.000.000	99.000.000	103.000.000
Firmenkunden Groß	72.000.000	74.000.000	76.000.000	78.000.000
Privatkunden	800.000.000	805.000.000	807.000.000	809.000.000
Privatkunden VIP	25.600.000	32.000.000	37.500.000	41.000.000
Öffentlicher Bereich	3.500.000	3.700.000	3.900.000	4.200.000
Summe aller Kundentypen	**985.100.000**	**1.009.700.000**	**1.023.400.000**	**1.035.200.000**

Kontaktziele je Kundentyp 1997

Plankontakte 1997 - Kundentypen					
Kundentypen	**Klassische Medien Plan 1997**	**Brief Plan 1997**	**Telefon Plan 1997**	**Besuch Plan 1997**	**Summe Kontakte Plan 1997**
Firmenkunden Klein/Mittel	25.000	6.000	2.200	120	33.320
Firmenkunden Groß	0	600	1.200	150	1.950
Privatkunden	0	5.000	50	0	5.050
Privatkunden VIP	0	15.000	950	180	16.130
Öffentlicher Bereich	0	200	400	50	650
Gesamtsumme	**25.000**	**26.800**	**4.800**	**500**	**57.100**

Für die Neukundengewinnung im Segment Klein- und Mittelbetrieben erfolgt eine Erhöhung der Brief- und Telefonkontakte.

3.2. Maßnahmen

Maßnahmen 1997					
Nr.	**Strategische Meilensteine Maßnahmen**	**Datum Start**	**Datum Ende**	**Verantwortlich**	**Kontrolle**
1.	Direct-Mail-Aktion Leasing	03.Mär.97	05.Mär.97	Marketing	Geschäftsf.
2.	Telefonmarketingaktion Leasing	17.Mär.97	15.Apr.97	Marketing	Geschäftsf.
3.	Kundenzufriedenheit Leasing	20.Apr.97	30.Apr.97	Marketing	Geschäftsf.
4.	Direct-Mail Aktion Wohnen	15.Mai.97	17.Mär.97	Vertrieb	Geschäftsf.
5.	Telefonmarketingaktion Wohnen	19.Mai.97	30.Mai.97	Marketing	Geschäftsf.
6.	VIP-Privatkunden Kundenveranstaltung	15.Jun.97	16.Jun.97	Vertrieb	Geschäftsf.
7.	Direct-Mail Aktion Electronic Banking	15.Sep.97	17.Sep.97	Vertrieb	Geschäftsf.
8.	Telefonmarketingaktion E-Banking	20.Sep.97	10.Okt.97	Vertrieb	Geschäftsf.
9.	Kundenveranstaltung E-Banking	31.Okt.97	31.Okt.97	Vertrieb	Geschäftsf.

Zusätzlich zu den überregionalen Werbeaktionen werden für den Firmenkundenbereich eigene Kundenveranstaltungen für den Klein- und Mittelbetriebsbereich durchgeführt.

Für die VIP-Privatkunden werden Kundenbesuche außerhalb der Bankfiliale durchgeführt.

Auch die überregionalen Standardaktionen werden mit Telefonmarketingmaßnahmen unterstützt.

3.3. Budget

Marketingbudget 1997	ECU
Marktforschung	**150.000**
Motivforschung	50.000
Marktstudien	100.000
Produktentwicklung	**240.000**
Produktdesign	120.000
Produkttest	120.000
Kundenforschung	**1.000.000**
Kundenzufriedenheit	450.000
Kundenverhalten	250.000
Kundentrends	300.000
Kundenbindung	**450.000**
Kundenbindungsprogramme	400.000
Kundenveranstaltungen	50.000
Direktmarketing	**610.000**
Kundenaktivitäten	400.000
Marktaktivitäten	60.000
Produktaktivitäten	150.000
Telefonmarketing	**2.460.000**
Neukundengewinnung	1.500.000
Produktverkauf	780.000
Kundenbefragung	180.000
Klassische Werbung	**9.950.000**
Kampagneentwicklung	450.000
Werbemittelproduktion	2.500.000
Werbeetats	7.000.000
Summe Marketingbudget	**14.860.000**
Umsatzziel	**985.100.000**
Budgetkennzahl	**1,51%**

4. Der Marketingplan im Unternehmen

4.1. Der Marketingplan als Führungsinstrument

4.2. Die Planungsprozesse und das Projektteam

4.3. Das Instrumentarium für den Marketingplan

4.4. Das lernende Marketingsystem

Ebenso wichtig wie die einzelnen Schritte für die Entwicklung des Marketingplanes sind in der Praxis organisatorische Voraussetzungen für die Umsetzung.

Der Marketingplan sollte als begleitendes Instrument im Marketing- und Vertriebsbereich verwendet werden. Wenn der Marketingplan nach der Erstellung in die Schublade wandert, war die Entwicklung bloßer Selbstzweck.

Wichtige Fragen sind für die organisatorische Umsetzung zu lösen. Wer ist für die Planungserstellung verantwortlich? Welche Funktionsträger sind für die Erledigung der Arbeitsschritte verantwortlich? Wer steuert das Projektteam und die Termine für dieses Projekt? Alle diese Fragen sollten gelöst werden, bevor Sie mit der Entwicklung des Marketingplanes starten.

Aufgrund des Datenvolumens, das für die Entwicklung des Marketingplanes erforderlich ist, kann eine effiziente und qualitativ hochwertige Erstellung des Marketingplanes ohne EDV-Unterstützung heute nicht mehr erfolgen. Auch die Klärung dieser Problembereiche ist für eine erfolgreiche Einführung äußerst wichtig.

Die Abklärung der EDV-technischen Fragen ist dabei im Vorfeld zu lösen. Während des Planungsprozesses sollten diese erforderlichen Programme bereits vorhanden sein. Ebenso sind die notwendigen Daten in einer Form aufzubereiten, daß sie auch von Anwendern, die über keine spezifischen Programmierkenntnisse verfügen, ebenfalls verwendet werden können. Microsoft Anwendungsprogramme, zum Beispiel Excel, bieten heute bereits leistungsfähige Datenbankfunktionen für Anwender.

Die Planungsinstrumente, die PC-Unterstützung etc. sind dabei nur Hilfsmittel. Sowohl der Planungsprozeß als auch die Umsetzung der Ziele und Maßnahmen sind Managementaufgabe. Wenn diese Führungsaufgabe nicht durch das Management übernommen und in der Organisation vorgelebt wird, dann bleibt der beste Marketingplan nur ein wertloses Papier für Ihre Organisation.

Die richtige Positionierung, professionelle Unterstützungsinstrumente und die Einbindung der Mitarbeiter bereits im Planungsprozeß helfen Ihnen die Akzeptanz dieses Instrumentes in Ihrer Organisation zu erhöhen.

4.1. Der Marketingplan als Führungsinstrument

Der Marketingplan, ein wesentliches Führungsinstrument, mit dem die Erreichung der Markt-, Kunden-, und Produktziele gesteuert wird. Mit diesem Instrument werden die Umsatz- und Deckungsbeitragsziele geplant und gesteuert. Die zentrale Bedeutung dieses Instrumentes steht außer Diskussion.

Ernüchternde Tatsachen aus der Praxis

Die Erfahrungen in der Praxis zeigen ein anderes Bild. Oft ist der Marketingplan in Unternehmen gar nicht oder nur in Fragmenten vorhanden. Teilweise läßt die Qualität der Daten und der Entscheidungen zu wünschen übrig. Allzu oft verschwindet der Marketingplan nach der Erstellung für ein Jahr wieder in die Schublade.

Die vereinbarten Ziele (Produktziele, Marktziele, Kundenziele etc.) sollten ständig Gegenstand von Soll-/Istvergleichen sein. Ob der Marketingplan in Ihrem Unternehmen ein Führungsinstrument ist oder nicht, liegt in Ihren Händen. Wird der Markt monatlich in Meetings und Besprechungen als Gradmesser für die Zielerreichung eingesetzt, werden die Mitarbeiter diesen Plan auch als Führungsinstrument akzeptieren. Das Instrument sollte von allen gelebt, vom Führungsteam vorgelebt werden.

Positionierung des Marketingplanes

Der Marketingplan ist ein Bindeglied zwischen der Unternehmensstrategie und dem jährlichen Budget.

Die Unternehmensstrategie wird üblicherweise mit einer zeitlichen Perspektive von drei bis fünf Jahren erstellt. Der Marketingplan wird in die strategischen Rahmenbedingungen eingegliedert und für eine Perspektive von ein bis drei Jahren erstellt. Strategische Entscheidungen können damit bei der jährlichen Erstellung des neuen Marketingplanes kritisch überprüft werden. Außerdem kann bei einer Betrachtung über mehrere Jahre eine strukturelle Veränderung, zum Beispiel Produktsegmente, Kundenstrukturen etc., festgestellt werden.

Wichtig

Ein Marketingplan, der nur eine Planungsperiode von einem Jahr beinhaltet, ist ein operatives Budget für das nächste Geschäftsjahr.

Natürlich besteht ein unmittelbarer Zusammenhang zwischen dem Marketingplan und dem jährlichen Budget. Das Budget beinhaltet aber nur die nächste Planperiode. Die Budgetziele sind die Grundlage für die laufenden Soll-/Istvergleiche.

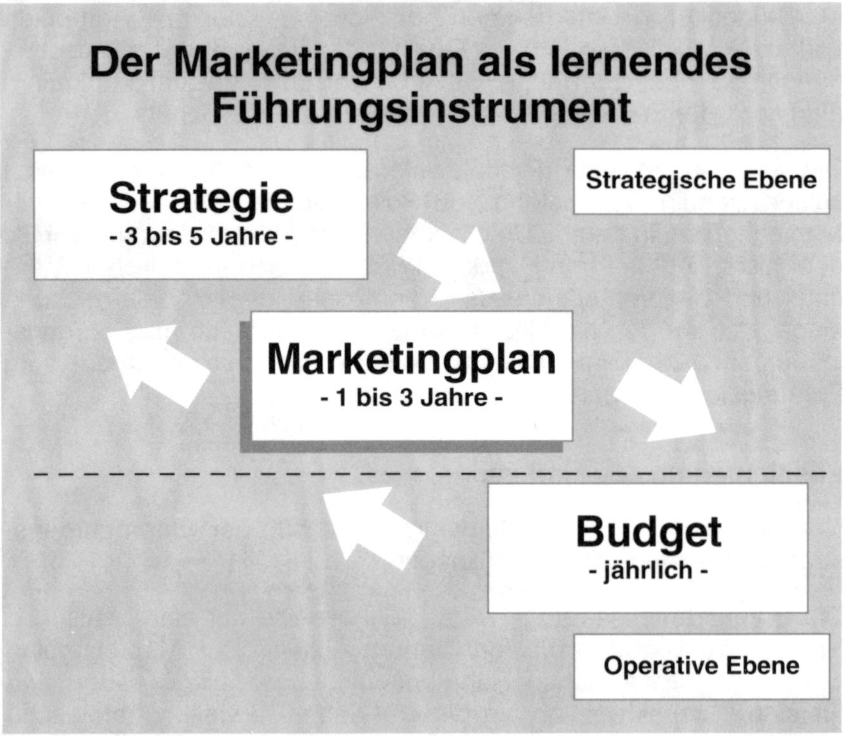

Der Marketingplan ist ein Bindeglied zwischen der Unternehmensstrategie und dem operativen Budget

Im strategischen Marketingplan ist die Darstellung von mehreren Planungsperioden erforderlich, da Entwicklungsperspektiven auf einen Blick sichtbar sein sollten.

In der Zusammenführung von Daten des Marketingplanes, zum Beispiel Deckungsbeiträge für Produkte, mit dem Budget werden die Schnittstellen zu anderen Funktionsbereichen hergestellt. Die Deckungsbeiträge werden grundsätzlich im Controllingbereich ermittelt. Produktkalkulationen werden für den Marketingplan mit der Kostenrechnungsabteilung abgestimmt. Damit ist auch eine einheitliche Verwendung dieser Größen innerhalb des Unternehmens gewährleistet.

4.2. Die Planungsprozesse und das Projektteam

Die sorgfältige und gewissenhafte Festlegung der Projektmanagementaufgaben für diesen Planungsprozeß ist auch deshalb erforderlich, weil die EDV in hohem Maße am Planungsprozeß beteiligt ist.

Die Entwicklung von EDV-Programmen, die für die Entwicklung des Marketingplanes verwendet werden, sind äußerst kostenintensiv. Fehler bei den Vorgaben können anschließend gravierende Mängel bei der Durchführung des Planungsprozesses bedeuten. Wie viele Tabellen oder Daten müssen oft wieder mühsam umgearbeitet werden, nur weil die Vertriebsabteilung eine andere Datenstruktur verwendet, als dies für die Marketingabteilung erforderlich wäre.

Bei einer effizienten Planung werden Personen und Systeme von unterschiedlichen Funktionsbereichen Ihres Unternehmens optimal in den Ablaufprozeß eingebunden.

Dafür ist die Regelung in folgenden Bereichen notwendig:

- Planungsteams
- Planungsprozesse
- Planungsinstrumente

Planung ist Teamwork

Planung ist heute Teamwork. Bottom up oder Bottom down sind traditionelle Entweder-oder-Betrachtungen. Die elektronische Realität heißt Networking.

Folgende Teams sind am Planungsprozeß beteiligt:

- Marketing (Marktforschung, Produktmanager, Marketingmanager, Produktassistenten)
- Vertrieb (Außendienstmitarbeiter, Vertriebsleiter, Key Account Manager)

- Geschäftsleitung (Geschäftsführung Marketing und Vertrieb, Controlling)
- Forschung (Marktforschung, Kundenforschung etc.)
- Externe Partner (Marktforschungsinstitute, Kundenforschungsinstitute, Marketingberatungsunternehmen)

Planungsprozesse

Die Planungsprozesse, überwiegend elektronisch unterstützt, legen den zeitlichen Ablauf der einzelnen Entwicklungsphasen (Status - Trends - Perspektiven) dar. Darüber hinaus werden die Abstimmungsaufgaben zwischen den einzelnen Teams (Marketingteam - Verkaufsteam etc.) festgelegt. Die Meetingstruktur und die formellen Entscheidungsabläufe werden hier festgelegt.

Auch die Erstellung der Marketing- und Vertriebspläne erfordert die Festlegung von organisatorischen Regeln, um einen geordneten und effizienten Verlauf des Planungsprozesses zu gewährleisten. Für die allgemeinen Grundlagen des Projektmanagements gibt es Spezialliteratur.

Die Ergebnisqualität eines strategischen Marketingplanes hängt direkt mit der Organisation des Planungsprozesses für dieses wichtige Führungsinstrument zusammen. Die einzelnen Phasen müssen sorgfältig geplant und rechtzeitig gestartet werden, damit die Aufbereitung der Entscheidungsgrundlagen professionell erfolgen kann.

Professionelle Marktbearbeitung hat mit systematischer Datenerhebung, Detailanalysen und Aufbereitung von komplexen Entscheidungsgrundlagen zu tun. Alle diese Aufgaben erfordern viel Zeit, wenn eine hohe Ergebnisqualität verlangt wird.

Die Prozeßphasen für die Erstellung des strategischen Marketingplanes

Im Rahmen der Entwicklung des Marketingplanes werden fünf Prozeßphasen unterschieden: Projektstart (Projektvorbereitung), Analyse, Marketingplan/erste Planungsgrundlage, Reviewphase sowie Marketingplan/Entscheidungsgrundlage. Das TOP-Management ist dafür verantwortlich, die Einhaltung der Termine und die Erfüllung der einzelnen Projektaufgaben zu steuern.

Die Planung im Netzwerk

Der vermehrte Einsatz von Netzwerklösungen bei der Erstellung der Pläne erfordert jedoch die Regelung von zusätzlichen EDV-spezifischen Problembereichen. Zum Beispiel die Festlegung von Datenzugriffsberechtigungen für einzelne Dateien.

Die Abbildung „Strukturelemente des Planungsprozesses" zeigt die Vernetzung der einzelnen Systembereiche, die bei der Erstellung der einzelnen Marketing- und Vertriebspläne beteiligt sind.

Die Informationssysteme beginnen, die Hierarchien in den Unternehmen - und damit auch hierarchische Denkstrukturen - aufzuweichen. Auch die Planungsprozesse sind davon nicht verschont.

Wenn die intelligenten Systeme für den Planungsprozeß sinnvoll genutzt werden, bedeutet dies mehr Zeit für die Beschäftigung mit strategischen Fragen und eine höhere Entscheidungsqualität durch eine permanente ziffernmäßige Überprüfung.

Weniger Meetings durch Vorbereitung im Netzwerk

Die Umsetzung dieser Leitgedanken für die Praxis heißt schlicht und einfach: weniger zeitraubende Meetings, dafür mehr Zeit für die Vorbereitung der Meetings im Netzwerk.

Entscheidungsprozesse werden in Netzwerken vorbereitet. Wer sich hier nicht einschaltet, bleibt mit Bottom-up- und Bottom-down-Ansätzen jenseits der Hierarchien stehen.

Die unnötigsten Erscheinungen in Planungsprozessen sind Budgetmeetings, in denen aus dem Bauch getroffene Entscheidungen hierarchisch verabschiedet werden. Der Boß kennt das Unternehmen ja am besten, und der Vertriebschef kennt seine Kunden wie seine rechte Westentasche. Der Gegenbeweis ist in solchen Meetings schwer zu erbringen, da die Planungsinstrumente (Großkundenstrategien, Kundenkontaktstrategien etc.) meist unzureichend aufbereitet oder gar nicht verfügbar sind.

Kein Budgetmeeting ohne PC

Führen Sie kein Budgetmeeting ohne einen PC durch, mit dem Sie die Auswirkungen von Entscheidungsalternativen nicht sofort simulieren können. Sie werden erstaunt sein, wie produktiv Budgetmeetings verlaufen können.

Kein Mensch stellt heute mehr in Abrede, daß die Produkte nicht nur aus Hardware, sondern auch aus Software bestehen. Weshalb soll der Planungsprozeß nicht auch die Software nützen! Planungsmanagement bekommt eine ganz andere, nämlich dynamischere Facette.

4.3. Das Instrumentarium für den Marketingplan

Ohne Standards geht es nicht mehr. Diese Aussage ist unabhängig von der Unternehmensgröße. Standards sind für die Effizienz und die Erreichung einer hohen Qualität erforderlich. Die Qualität betrifft sowohl die inhaltliche Seite (zum Beispiel die Richtigkeit der Daten) als auch die formelle Seite (professionelle und moderne Darstellung und Kommunikation).

Natürlich hängen Art und Umfang der Regelungen dieser Fragen von der Größe Ihres Unternehmens ab. In kleineren und mittleren Unternehmen werden mehrere Funktionen in wenigen Händen liegen. Die Terminabstimmung kann einfacher erfolgen.

In großen Unternehmen wird es allerdings eine Vielzahl von Personen geben, die am Planungsprozeß beteiligt sind. Die Vorbereitung der Planung und die Planungsinstrumente entscheiden dann über Qualität, Effizienz und termingerechte Fertigstellung dieses so wichtigen Planungsinstrumentes in der Praxis.

4.3.1. Das Marketingwörterbuch für die Praxis

Marketingkonventionen

Für den Aufbau einer Marketingkultur ist die Einführung eines Handbuches, in dem die Marketingkonventionen festgehalten werden, unerläßlich. Was verstehen Sie in Ihrem Unternehmen unter Produktsegmenten? - Was ist der Unterschied zwischen Produktsegmenten und Produktgruppen? - Wie wird die Artikelhierarchie aufgebaut? - Wie wird der Produktdeckungsbeitrag errechnet?

Im EDV-Bereich war durch den logischen Aufbau der Programmiersprachen immer schon die Notwendigkeit vorhanden, Begriffe klar zu definieren. Die Diskussionen über „Bits und Bytes“ wurden in Marketing- und Vertriebsabteilungen oft belächelt oder vom Tisch gefegt. In der Zwischenzeit hat diesen Funktionsbereich die EDV-Realität eingeholt. Alles was nicht genau definiert ist, kann EDV-technisch nicht verarbeitet werden. Selbst die Informationen über die Kundenhistorie, die in der Kundendatenbank - Datenfeld für Datenfeld - gespeichert wird, entspricht diesen Anforderungen.

Marketing ist keine Wissenschaft. Hier geht es um das Erkennen von Strukturen, um eine Systematik. Schritt für Schritt. Teil dieser Systematik, überhaupt wenn Sie in Unternehmen eingeführt wird, ist die Sprachkultur. Festgelegte Begriffe und Definitionen erleichtern die Kommunikation innerhalb des Unternehmens.

Das Marketingwörterbuch

Die Rede ist von einem Handbuch, in dem die Marketingbegriffe definiert werden. Sie werden erstaunt sein, wie oft Sie nicht mehr aneinander vorbeireden, wenn Konventionen nachzulesen sind.

Selbstverständlich werden Sie dieses Dokument heute mit elektronischen Hilfsmitteln, zum Beispiel einem Winword-Dokument oder einer Excel-Datei, erstellen. Damit können Sie die Vorteile von elektronischen Suchfunktionen nutzen.

Stellen Sie allerdings sicher, daß die leichten Änderungsmöglichkeiten der Softwareprogramme nicht dazu führen, daß die Standards fortlaufend abgeändert werden. Wenn jede Person ihre eigenen Standards einführt, dann regiert bald das Chaos. Hier ist für die Erreichung einer Qualität auch Disziplin im Team erforderlich.

Ein Beispiel für die wichtigsten Begriffe, die ein Marketingwörterbuch in der Praxis enthalten sollte, finden Sie im Abschnitt 5.3.

4.3.2. Die Marketingdatenbank

Von Daten zu Fakten

Alle Daten, Fakten, Berichte Studien etc., die Sie im Laufe des Planungsprozesses be- und verarbeiten, sollten in einem Marketingfaktenbuch gespeichert werden. Das Papierarchiv der Vergangenheit wird dabei zusehends von elektronischen Dateien abgelöst. Diese Marketingdokumentation entwickelt sich zum Tabellen- und Dateiensystem, das mit Anwenderprogrammen wie zum Beispiel Excel oder Access verarbeitet werden kann. Logisch, daß diese Entwicklung zum Aufbau einer Marketing-Datenbank führt.

Die Marketingdatenbank

Die Marketing-Datenbank ist der elektronische Aktenschrank für die Aufbewahrung aller Informationen: Marktstudien, Produktstatistiken, Kundenstatistiken, Kundenforschungen, Qualitätsstudien etc.

Der Vorteil ist die elektronische Verarbeitung einer großen Datenansammlung für die Aufbereitung der Entscheidungs-grundlagen. Der Einsatz von leistungsfähigen Datenbanken wird in immer mehr Branchen zu einem strategischen Schlüsselfaktor.

Die Life-Style-Kundendatenbank

Unternehmen, die eine **Kundendatenbank** professionell einsetzen, erreichen zwei Ziele:

Erstens wird die **Kundenzufriedenheit** erhöht. Dies bedeutet letztlich höhere Umsätze durch zufriedene Kunden.

Zweitens können die Kosten für die Betreuung der Kunden bei gleichzeitiger Erhöhung des Servicegrades deutlich gesenkt werden. Dies geschieht beispielsweise durch die Reduktion von Streuverlusten bei **Direct-mail-Aktivitäten**. Eine andere Möglichkeit ist die Veränderung des Kontakt-Mix, das heißt zum Beispiel mehr kostengünstigere Brief- und Telefonkontakte, dafür aber weniger, jedoch gezielte Außendienstkontakte.

Auch zum Thema Kundendatenbanken könnte man eine eigene Buchreihe schreiben. Außerdem kann die Einführung einer komplexen **Kundendatenbank** in Ihrem Unternehmen mit Excel nicht mehr bewerkstelligt werden. Dennoch enthält Excel einige sehr nützliche Datenbankfunktionen, die in diesem Kapitel dargestellt werden.

Datenbankmarketing hat mit der Selektion von Adressen nach Postleitzahlen nichts mehr zu tun. Hier geht es um die Selektion von Kundengruppen nach Marketingkriterien (Life-Style-Kriterien) für Marketingaktionen, oder um die Ermittlung der **Kundenpotentiale** nach Bedarfszyklen für Vertriebsaktionen. Nicht nur das, hier geht es um die Umsetzungsplattform von Externem, Internem und Interaktivem Marketing. Die To-do-Liste des Mitarbeiters mit offenen **Aktivitäten** ist genauso Bestandteil der Datenbank wie die Erfassung von Total-Quality-Service-Standards im Kundenkontaktprozeß.

Zu den Analysefunktionen zählen statistische Methoden, zum Beispiel Zeitreihenanalysen für die Prognose etc. Mit diesen Funktionen können Datenreihen für Produkte, Zeitintervalle etc. ausgewertet werden.

Besonders wichtig für den operativen Einsatz von Datenbanken im Marketing- und Vertriebsbereich sind die Steuerungsfunktionen. Mit diesen Funktionen erfolgen die Auswertungen der Kontakte, Kontaktergebnisse etc., die die Grundlage für die zukünftigen **Aktivitäten** darstellen. Diese Funktionen sollten durch den Anwender besonders genau definiert werden, da unter Umständen die Erstellung von spezifischen EDV-Programmen erforderlich ist.

Die Frage, welche **Informationen** wir für ein Kundendatenbanksystem benötigen, ist für die erfolgreiche Umsetzung von entscheidender Bedeutung. Der Informationsbedarf ergibt sich aufgrund der strategischen Zielsetzungen im Marketing- und Vertriebsbereich.

Grundsätzlich kann man sich die **Kundendatenbank** wie einen großen Aktenschrank vorstellen. Für alle wichtigen Problembereiche gibt es eigene Ordner, Datensammlungen, Listen mit **Kundeninformationen** etc. Die Organisation im Aktenschrank kann für die Praxis auch gute Ansätze zur ersten Struktur einer Datenbank liefern. Der Vorteil einer Datenbank liegt dann im Wiederfinden der Daten und in der raschen, problemorientierten Aufbereitung der **Informationen**.

Die Ergebnisse aus der **Kundendatenbank** sind so gut wie die Information, die dieses System enthält. Dies betrifft die Eingabequalität, den Umfang und die Wartung der Daten.

Die ständig steigende Leistungsfähigkeit von EDV-Systemen erlaubt einen immer komplexeren Aufbau der Systeme. Damit steigt auch die Möglichkeit, immer mehr **Informationen** über Kunden und deren Verhaltensweisen, Interessen, Einstellungen etc. zu verarbeiten.

In Zukunft gewinnt nicht der Größere, sondern der Schnellere. Die Entscheidungsqualität darf darunter jedoch nicht leiden. Komplexe Kundendatenbanken, die zahlreiche **Informationen** für entsprechende Problemstellungen im Marketing- und Vertriebsbereich aufbereiten, sind die Lösung für dieses Dilemma.

Für den Kunden werden in modernen Datenbanken auch jene **Informationen** gespeichert, die weit über die traditionellen Kundenstammdaten (Adresse, Name, Telefonnummer etc.) hinausgehen.

Dies betrifft Zusatzinformationen für den Produktbereich, zum Beispiel die Analyse von Bedarfszyklen, die Speicherung des Wiederbeschaffungs-Zeitpunktes etc. Dies betrifft auch die Ermittlung von offenen Bedarfspotentialen aufgrund der Produktnutzung. Idealerweise sollten in einem Produktprofil eines Kunden auch **Informationen** über Wettbewerbsprodukte enthalten sein.

Ebenso werden **Informationen** über die Position von Ansprechpartnern im Kaufentscheidungsprozeß (z.B. Beeinflusser, Meinungsbildner) verwendet.

Begriffe wie Life-Style-Kundendatenbanken werden zwar gerne als Modeerscheinungen abqualifiziert, aber im Grunde genommen charakterisieren sie die Entwicklung moderner Kundendatenbanksysteme. Diese Systeme enthalten dann auch **Informationen** über Interessen, Einstellungen und Meinungen der Kunden.

Die Datenfelder sollten so angelegt werden, daß die folgenden wichtigen Auswertungen durchgeführt werden können:

- Welche Kontaktarten (Direct-mail, Besuchskontakt etc.) wurden bei einem bestimmten Kunden eingesetzt?
- Welche Ergebnisse wurden bei diesen Kontakten erzielt (Interesse, Kauf, Beschwerde etc.)?
- Wann ist der optimale Kontaktzeitpunkt für einen Kunden (Leadzeiten)?
- Welche Informationen hat der Kunde bei den einzelnen Kontakten unserem Mitarbeiter gegeben (Notizen)?
- Welche Erkenntnisse für den Bedarf (Bedarfspotential, Bedarfszeitpunkt etc.) können daraus für zukünftige Marketing- und Vertriebsaktivitäten gewonnen werden?

Die Marketing- und Vertriebsaktivitäten können auf Basis der Kundendatenbanken, als Kontakte von der Kalten Adresse bis zu den Kundenbindungsprogrammen, gesteuert werden. Die Integration von Marketing-, Vertriebs- und Servicekontakten für die Abbildung der Kundenhistorie ist softwaretechnisch vorbereitet und steht für die Umsetzung in Ihrem Unternehmen zur Verfügung.

!tip

Versuchen Sie nicht immer die Welt neu zu erfinden. Welche **Informationen** eine **Kundendatenbank** für Beziehungsmarketing haben sollte, ist heute zum großen Teil bekannt. Starten Sie mit verfügbaren Systemen und adaptieren Sie diese für Ihre Zwecke.

4.3.3. Die Standards für den Marketingplan

Der Marketingplan ist die Dokumentationsunterlage für das Ergebnis des Entwicklungs- bzw. Planungsprozesses. In der Kürze liegt die Würze. Die umfangreichen Datensammlungen sind Bestandteil der Marketingdatenbank. Im Marketingplan werden nur die Erkenntnisse und entscheidungsrelevanten Fakten, Ziele, Maßnahmen und Budgeterfordernisse dargestellt.

Die Struktur des Marketingplanes

Im Marketing werden die Bereiche Markt, Kunden und Strategie dargestellt. Die einzelnen Bereiche enthalten Aussagen zu den Entwicklungsstufen Status, Trends und Perspektiven.

Rahmenbedingungen sind die Unternehmensstrategie. Die Entwicklungen von Total Quality Management und Servicequalitätsstandards sollten im Marketingplan natürlich nicht fehlen.

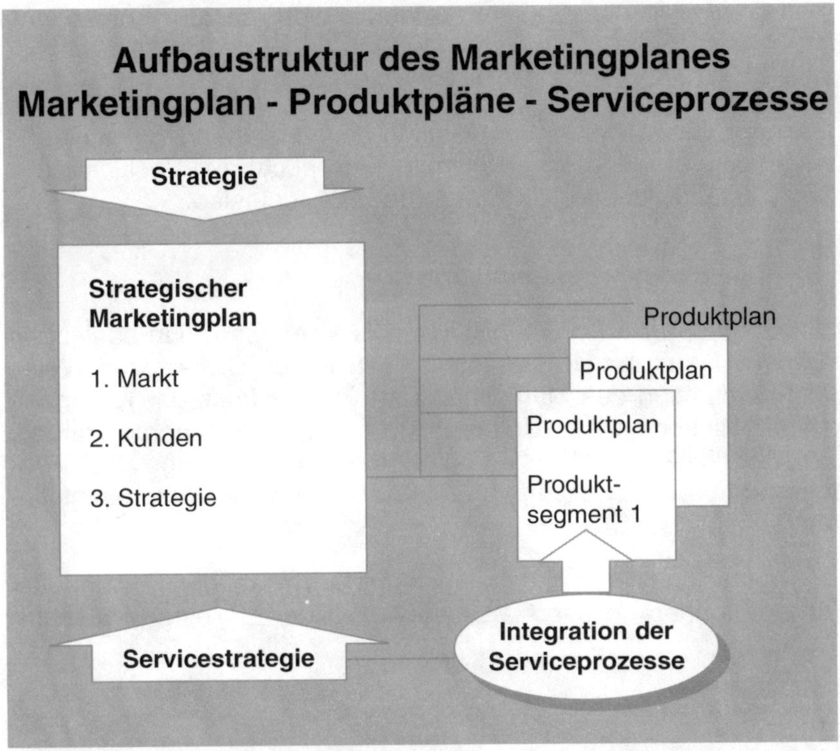

Der moderne Marketingplan beinhaltet auch die Ziele der Servicestrategie. Serviceprozesse werden in den Produktplänen dargestellt.

Der Marketingplan gibt einen Überblick über sämtliche Produktsegmente des Unternehmens. Für einzelne Produktsegmente können dann Produktpläne erstellt werden. Die Struktur der Produktpläne entspricht dem Aufbau des Marketingplanes. Auf diese Art und Weise können die Tabellen, zum Beispiel Excel-Dateien, miteinander verknüpft werden.

Für die einzelnen Produktsegmente oder Geschäftsbereiche werden ebenfalls Pläne erstellt. Die Struktur für diese Produktpläne ist gleich wie die Struktur des Marketingplanes. Auch für die Produktpläne werden die Strukturbereiche Markt, Kunden und Strategie dargestellt.

Ebenso werden die drei Entwicklungsstufen (Status, Entwicklung und Perspektive) für die Entwicklungen der Produktpläne verwendet.

Serviceprozesse werden im Detail in den einzelnen Produktplänen dargestellt. In den Produktplänen wird auch die Positionierung (Servicestandards) der einzelnen Produkte festgelegt.

4.3.4. Die Marketingpräsentation

Marketing ist auch Kommunikation. Die Kommunikation beginnt im eigenen Unternehmen. Marketing nach innen. Die Art und Weise der Präsentation des Marketingplanes ist Ausdruck der Kommunikationsphilosophie des Unternehmens. Mit Softwareprogrammen, zum Beispiel Microsoft Powerpoint, haben Sie leistungsfähige Programme für die Erstellung von Grafiken und Bildschirmpräsentationen.

Die Professionalität liegt dabei nicht in der Anzahl der verwendeten Farben, sondern in der Aussagefähigkeit der einzelnen Präsentationsfolien.

4.4. Das lernende Marketingsystem

In der raschen Erkennung von Veränderungen und Trends liegt ein klarer Wettbewerbsvorteil. Die Zukunft gehört nicht den Großen, sondern den Schnelleren.

Führung hat für uns eine zweifache Bedeutung. Einerseits geht es um klassische Managementsysteme (Analyse, Planung, Ziele, Steuerung etc.), anderseits um „Leadership". Einen deutschen Ausdruck, der jene Kraft eines innovativen Teams zum Ausdruck bringt, das durch ständige Aktivitäten den Motor einer Organisation in Schwung hält, haben wir nicht gefunden.

Bedarfsanalyse, Planung, Aktivitäten, Steuerung stellen Elemente des Systems dar. Die Führung eines Unternehmens, das Management-Team, hält den Kreislauf in Schwung. Den Zusammenhang dieser Systemelemente sehen Sie in der folgenden Abbildung:

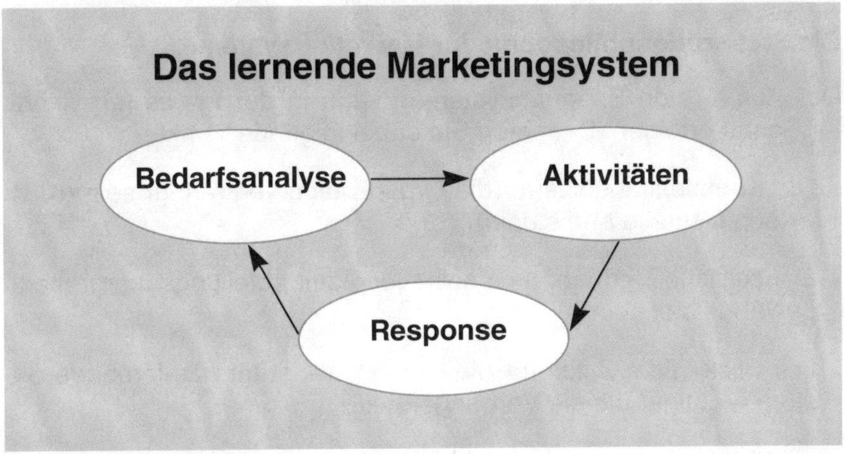

CYBERBAR Learning System: Bedarfsanalyse (Braintrust), Aktivitäten (Activities) und Response

Folgende Aufgaben sind den einzelnen Systemmodulen zuzuordnen:

Braintrust

Strategieanalyse, Mitbewerbsanalyse, Marktforschung, Marktanalyse, Kundenforschung, Kundenanalyse, Bedarfspotentiale, Bedarfszyklen, Servicequalitätsanalysen, Strategieplan, Marketingplan, Produktplan, Verkaufsplan, Kontaktplan, Großkundenplan, Servicequalitätsplan etc.

Activities/Aktivitäten:

Akquisitionsmaßnahmen, Servicequalität, organisatorische Maßnahmen, Leistungserstellung, Leistungserbringung etc.

Response/Steuerung:

Marketingsteuerung, Vertriebssteuerung, Kontaktsteuerung, Service-Qualitätssteuerung etc.

Die Steuerungsphilosophie für Marketingsysteme

Der Aufbau von Expertensystemen kann in der Praxis nur Schritt für Schritt erfolgen. Beachten Sie dabei folgende Punkte:

- Die Komplexität sollte für die Organisation verkraftbar sein (KISS - Keep it simple and stupid).
- Die zeitliche Verfügbarkeit sollte jederzeit abteilungsübergreifend gewährleistet sein.
- Der Blick in die Zukunft - die Prognose - ist für das lernende System wichtiger als die Vergangenheit.

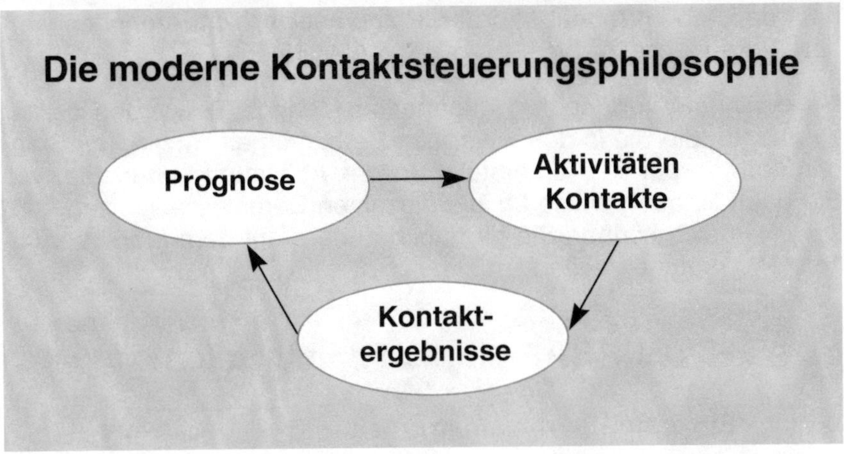

Die Kontaktsteuerungsphilosophie als Grundlage für moderne Marketingsysteme

Mit einer derartigen Kontaktsteuerung, die sich nicht nur auf Kaufergebnisse (Umsatz, Deckungsbeitrag etc.), sondern auch auf die Ergebnisse der vorangehenden Akquisitionsstufen konzentriert (Interessenten, Kauf-Interessenten etc.), können Sie rechtzeitig eingreifen und noch Maßnahmen setzen.

Noch einmal: KISS - Keep it simple and stupid. Eigentlich ist alles ganz einfach. Wer Aktivitäten setzt, wird Ergebnisse erhalten. Wer die Ergebnisse analysiert und die daraus gewonnenen Erkenntnisse umsetzt, wird erfolgreich sein.

Die Systematik der Kontaktsteuerung

Mit Hilfe der Kontaktsteuerung und einer Kontaktplanung können Sie Abweichungen zu einem Zeitpunkt feststellen, zu dem Sie noch imstande sind, taktische Maßnahmen zu setzen. Sie entwickeln mit diesen Lernsystemen Erfahrungswerte, aus wieviel Interessentenkontakten sich mit einer bestimmten Zeitverzögerung tatsächlich Kaufkontakte ergeben. Sind Sie beispielsweise im Monat März nur auf einer Interessentenquote von 7 % (anstelle von 10 %), und dauert die Umwandlung der Interessenten in tatsächliche Käufer im Durchschnitt ca. 2 Monate, können Sie bereits heute davon ausgehen, daß Sie im Monat Mai Ihre Planumsätze nicht erreichen werden. Vorausgesetzt, Sie setzen keine Aktivitäten.

Mit der heute verfügbaren Informationstechnologie werden die Instrumente, die Sie in den jeweiligen Bereichen einsetzen, mit Standardsoftwarepaketen unterstützt. In der Abbildung sehen Sie, wie Sie das Microsoft Office für die einzelnen Bereiche einsetzen können. Natürlich können Sie hier auch andere auf dem Markt verfügbare Programme verwenden.

CYBERBAR-Marketinginstrumente

Systeme	Instrumente	Software
BEDARFSANALYSE	Umfeldanalyse Kundenanalyse Service-Marketingplan Akquisitionsplan etc.	Excel/Access Back Office Excel Winword Powerpoint
AKTIVITÄTEN	Aktionen To-do-Listen etc.	Access Back Office
RESPONSE	Ergebnisse/ Statistiken etc.	Access Back Office

Software Microsoft Office für CYBERBAR Marketing- und Lernsysteme (Bedarfsanalyse, Aktivitäten und Steuerung)

Aufbauend auf dieser Philosophie können Sie moderne Informationstechnologien einsetzen, um diese Ergebnisse automatisch auszuwerten. Damit legen Sie den Grundstein für den Aufbau von Marketing-Expertensystemen.

Marketing-Expertensysteme

Damit ist auch die Grundlage geschaffen, Expertensysteme aufzubauen. Expertensysteme können Bewertungs- und Entscheidungsprozesse mit den Marketingdaten durchführen. D.h., die EDV wird nicht nur für die Strukturanalyse, zum Beispiel Kundenstruktur, eingesetzt, sondern auch für die Erstellung der entscheidungsrelevanten Faktoren. Das Entscheidungsvorbereitungssystem.

In traditionellen hierarchischen Strukturen werden einfache Tätigkeiten von einer höheren Anzahl von Personen mit geringerem Qualifikations- und Ausbildungsniveau ausgeführt. Typische Assistenten- und Sekretariatsfunktionen sind damit gemeint.

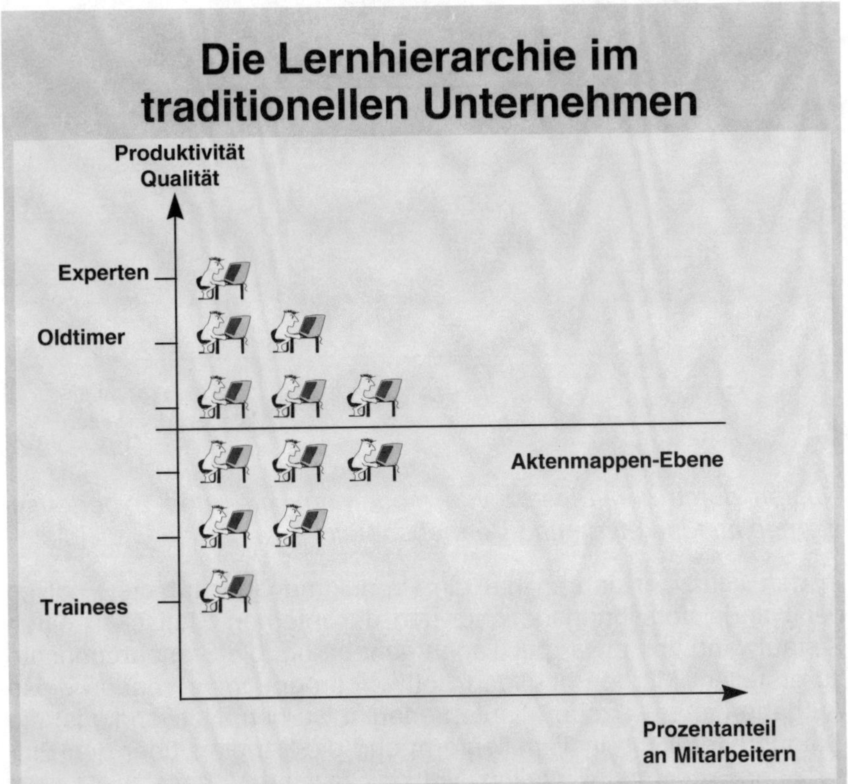

Die Lernhierarchie in traditionellen Unternehmen

In Zukunft können viele dieser Aufgaben durch intelligente Marketing- und Vertriebsexpertensysteme übernommen werden.

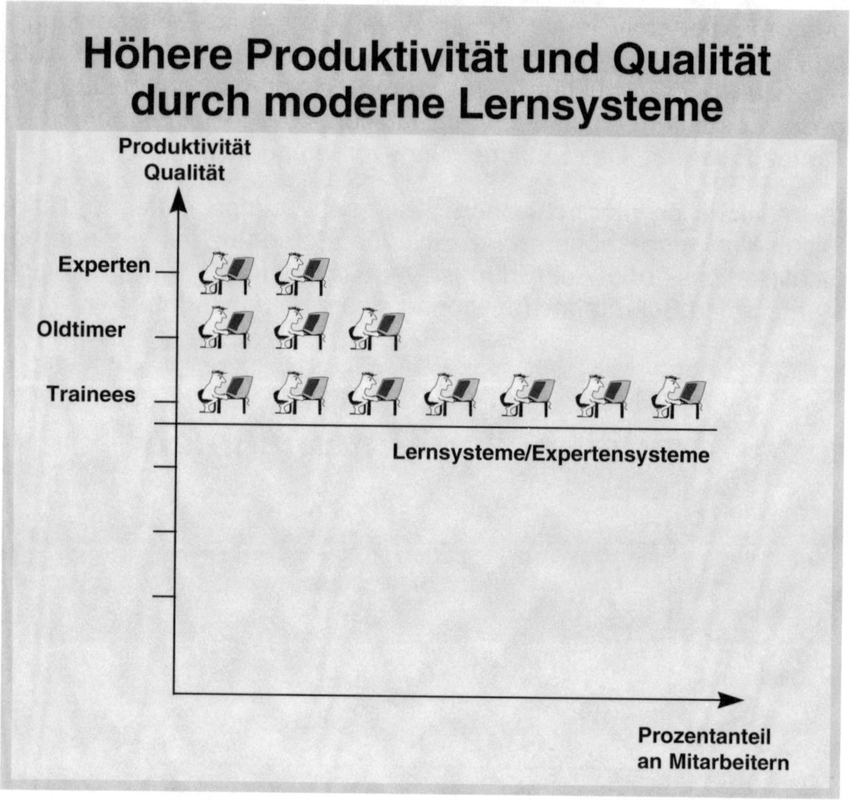

Nutzen durch den Einsatz von modernen Lern- und Expertensystemen im Marketing- und Vertriebsbereich

In den achtziger Jahren hat ein Produktmanager für die Analyse der Handelsforschungsberichte und der internen Statistiken einen Zeitaufwand von etwa drei Tagen gehabt, um die Standardberichte zu erstellen. Mit den heutigen Softwareprogrammen können diese Aufgaben in etwa zehn Minuten erledigt werden. Notwendig ist die Datenaufbereitung in Tabellenform und die Kenntnis über den Einsatz der Excel-Pivot-Tabellen. Nutzen Sie diese Vorteile!

5. Hilfsmittel und Tools für die Entwicklung Ihres Marketingplanes

5.1. Schritte für die Entwicklung des Marketingplanes

Hier finden Sie eine Zusammenfassung der einzelnen Schritte. Sie dient Ihnen gleichzeitig als Checkliste für die Erstellung Ihres Marketingplanes. Wenn Sie diese Liste - Schritt für Schritt - bearbeiten, werden Sie bestimmt keine wesentlichen Punkte übersehen.

Die Checkliste hilft Ihnen, die Erstellung des Marketingplanes effizienter durchzuführen und ist, bei Bearbeitung aller Punkte, gleichzeitig ein Qualitätsstandard für Ihren zukünftigen Marketingplan. Wenn Sie den Marketingplan im Team erstellen, haben Sie gleichzeitig die Grundlagen für die Projektsteuerung.

Welche Schritte sollten Sie auf jeden Fall durchführen?

Auf jeden Fall sollten Sie die Schritte für Marktstruktur, Markttrends, Kundenstruktur, Kundentrends, Strategiestatus und Strategieperspektiven durchführen.

Ergänzungen im zweiten Jahr

Markt- und Kundenperspektiven, für die unter Umständen zuwenig Informationen verfügbar sind, sollten Sie in einem zweiten Planungsprozeß durchführen.

Denken Sie bei der Entwicklung des Planes immer daran, daß im Zweifelsfall in der Praxis eine Schätzung besser ist als gar keine Information!

Schritte für den Strukturbereich MARKT

Schritte für die Marktstruktur

1. Bestimmung des Marktumfeldes.
2. Abgrenzung des relevanten Marktes für Produkte.
3. Abgrenzung des relevanten Marktes für Zielgruppen.
4. Abgrenzung des relevanten Marktes für Absatzgebiete.
5. Wie hoch ist das Marktpotential?
6. Wie hoch ist das Marktvolumen?
7. Welche Erfolgsfaktoren sind für den relevanten Markt entscheidend?
8. Wie hoch ist die Anzahl der Mitbewerber im relevanten Markt?
9. Welche Marktanteile haben die einzelnen Mitbewerber?
10. Welche besonderen Aktivitäten haben einzelne Mitbewerber durchgeführt?

Schritte für die Markttrends

1. Wie wird sich der Gesamtmarkt in der nächsten Geschäftsperiode entwickeln?
2. Wie hoch ist das Marktwachstum in Mengeneinheiten?
3. Wie hoch ist das Marktwachstum in Werteinheiten?
4. Welche markanten Unterschiede gibt es für die Marktwachstumsraten in einzelnen Marktsegmenten (Produktsegmente, Zielgruppensegmente und Absatzgebiete)?
5. Welche Trends gibt es in den einzelnen Segmenten generell zu beobachten?
6. Wie werden sich die Preise entwickeln?

7. Welche Ursachen gibt es für die Preisveränderungen?

8. Welche Veränderungen gibt es im Kaufverhalten bei den einzelnen Zielgruppen?

9. Welche Veränderungen sind hinsichtlich der Qualitätsstandards und Kundenerwartungen erkennbar?

10. Welche Innovationen gibt es hinsichtlich der Produkte?

11. Welche Innovationen gibt es hinsichtlich der Serviceleistungen?

12. Welche Trends gibt es hinsichtlich der Erfolgsfaktoren?

13. Welche Veränderungen sind hinsichtlich der Mitbewerber feststellbar?

14. Welche Innovationen sind bei der Marktbearbeitung zu erwarten (neue Vertriebskanäle etc.)?

Schritte für die Marktperspektiven

1. Wie hoch ist das Marktpotential in drei Jahren (wertmäßig bzw. mengenmäßig)?

2. Wie hoch ist das Marktvolumen in drei Jahren (wertmäßig bzw. mengenmäßig)?

3. Welchen Anteil in % werden die Marktsegmente (Produkte, Zielgruppen, Absatzgebiete) haben?

4. Welche Erfolgsfaktoren werden relevant sein? - Hat sich die Reihenfolge verändert?

5. Wie wird sich die Mitbewerbsstruktur in drei Jahren darstellen?

6. Gibt es neue Mitbewerber? - Wie hoch wird die Anzahl der Mitbewerber sein?

7. Welche Marktanteile werden die einzelnen Mitbewerber wahrscheinlich haben?

Schritte für den Strukturbereich KUNDEN

Schritte für die Kundenstruktur

1. Wie hoch ist die Anzahl der Kunden in Ihrem Unternehmen?
2. Wie hoch ist die Umsatzkonzentration, d.h., wieviele Kunden (Anzahl) erreichen 80 % des Umsatzes?
3. Wie hoch ist die Deckungsbeitragskonzentration, d.h., wieviele Kunden (Anzahl) erreichen 80 % des Deckungsbeitrages?
4. Wie verteilen sich die Kunden auf die Absatzgebiete?
5. Welche Kundentypen gibt es? - Wie hoch ist der Anteil der jeweiligen Kundentypen an der Gesamtanzahl?
6. Wie hoch ist der Umsatz-, Absatz- und Deckungsbeitragsanteil der einzelnen Kundentypen?
7. Welche Kundenarten gibt es? - Wie hoch ist der Anteil der jeweiligen Kundenarten an der Gesamtanzahl?
8. Wie hoch ist der Umsatz-, Absatz- und Deckungsbeitragsanteil der einzelnen Kundenarten?
9. Welche Kundensegmente gibt es? - Nach welchen Merkmalen werden sie gebildet?
10. Wie hoch ist die Kontaktanzahl? - Welche Kontaktarten gibt es?
11. Wie ist der Kontakt-Mix für unterschiedliche Kundenklassen, Kundentypen und Kundenarten?
12. Wie zufrieden sind Ihre Kunden? - Wie wird die Kundenzufriedenheit gemessen?

Schritte für die Kundentrends

1. Wie verändert sich die Anzahl Ihrer Kunden? - Haben Sie neue Kunden gewonnen oder Kunden an den Mitbewerb verloren?

2. Hat sich die Umsatzkonzentration in Ihrer Kundenstruktur verändert?
3. Hat sich die Deckungsbeitragskonzentration in Ihrer Kundenstruktur verändert?
4. Hat sich die Verteilung der Interessenten/Kunden auf die Absatzgebiete verändert?
5. Gibt es neue Kundentypen? - Hat sich die Anzahl der Kunden innerhalb der einzelnen Typen verändert?
6. Welche Veränderungen gibt es hinsichtlich der Umsatz-, Absatz- und Deckungsbeitragsanteile in den einzelnen Kundentypen?
7. Hat sich die Verteilung der Interessenten/Kunden innerhalb der einzelnen Kundenarten verändert?
8. Wie hat sich die Kontaktanzahl verändert? - Welche Veränderungen der Kontakte ergeben sich hinsichtlich der einzelnen Kontaktarten?
9. Welche Veränderungen gibt es im Kontakt-Mix für unterschiedliche Kundenklassen, Kundentypen und Kundenarten?
10. Wie hat sich die Kundenzufriedenheit entwickelt? - Welche Veränderungen der Kundenzufriedenheit gibt es hinsichtlich der Kundentypen und Kundenarten?

Schritte für die Kundenperspektiven

1. Wie hoch wird die Kundenanzahl in Ihrem Unternehmen in drei Jahren wahrscheinlich sein?
2. Welche Umsatzkonzentration wird in Ihrer Kundenstruktur vorhanden sein?
3. Welche Deckungsbeitragskonzentration wird in Ihrer Kundenstruktur vorhanden sein?
4. Wie wird die Verteilung von Interessenten und Kunden voraussichtlich sein?

5. Wie wird die Verteilung von Interessenten und Kunden in den jeweiligen Absatzgebieten voraussichtlich sein?

6. Welche Kundentypen wird es in drei Jahren geben?

7. Wie wird die Verteilung der Kunden in den einzelnen Kundentypen sein?

8. Wie wird die Verteilung der Umsatz-, Absatz- und Deckungsbeitragsanteile in den einzelnen Kundentypen voraussichtlich sein?

9. Wie wird die Verteilung der Interessenten und Kunden innerhalb der einzelnen Kundenarten voraussichtlich sein?

10. Wie hoch wird die Anzahl der Kontakte in drei Jahren sein? - Wieviele Kontakte werden voraussichtlich in den einzelnen Kontaktarten durchgeführt?

11. Wie wird der Kontakt-Mix für unterschiedliche Kundenklassen, Kundentypen und Kundenarten in drei Jahren sein?

12. Welchen Wert soll die generelle Kundenzufriedenheit in drei Jahren aufweisen?

13. Welche Werte wird die Kundenzufriedenheit für die einzelnen Kundentypen und Kundenarten voraussichtlich haben?

Schritte für den Strukturbereich STRATEGIE

Schritte für den Strategiestatus

1. Was ist der Zweck Ihres Unternehmens? - Welche Vision/Mission wird in Ihrem Unternehmen verfolgt?

2. Welche Positionierung hat Ihr Unternehmen im Markt?

3. Welche Stärken hat Ihr Unternehmen?

4. Welche Schwächen hat Ihr Unternehmen?

5. Welche Chancenpotentiale ergeben sich für Ihr Unternehmen aufgrund der Markt- und Kundenstruktur?

6. Welche Risiken ergeben sich für Ihr Unternehmen aufgrund der Markt- und Kundenstruktur?
7. Welche Differenzen ergeben sich auf der Basis der Erfolgsfaktoren für Stärken, Schwächen, Chancen und Risiken?
8. Welche Anteile haben die Produktsegmente nach Wert, Menge und Deckungsbeitrag?
9. Welche Ziele (Produktziele, Kundenziele, Marktziele) wurden übertroffen (positive Zielabweichungsanalyse)?
10. Welche Ziele (Produktziele, Kundenziele, Marktziele) wurden nicht erreicht (negative Zielabweichungsanalyse)?
11. Welche Budgetmittel wurden für die Umsetzung der Aktivitäten eingesetzt?

Schritte für die Strategietrends

1. Haben die Ergebnisse der Bereiche Markttrends und Kundentrends eine Auswirkung auf den Zweck des Unternehmens (Vision/Mission)?
2. Haben die Ergebnisse der Bereiche Markttrends und Kundentrends eine Auswirkung auf die Positionierung?
3. Welche Auswirkungen haben die Markt- und Kundentrends auf die Stärken Ihres Unternehmens?
4. Welche Auswirkungen haben die Markt- und Kundentrends auf die Schwächen Ihres Unternehmens?
5. Welche Auswirkungen haben die Markt- und Kundentrends auf die Chancenpotentiale Ihres Unternehmens?
6. Welche Auswirkungen haben die Markt- und Kundentrends auf die Risikopotentiale Ihres Unternehmens?
7. Welche Produkttrends gibt es im eigenen Unternehmen?
8. Welche Veränderungen im Unternehmen haben eine Auswirkung auf den Markt?

Schritte für die Strategieperspektiven

1. Wo wollen wir in drei Jahren sein?
2. Welche Positionierung soll das Unternehmen in drei Jahren haben?
3. Welche Schwächen wollen wir beseitigen?
4. Welche Stärken wollen wir verstärken?
5. Welche Chancenpotentiale wollen wir in drei Jahren ausgenützt haben?
6. Welche Risikopotentiale wollen wir in drei Jahren beseitigt haben?
7. Welche Fakten der Strukturbereiche Markt und Kunden sind im Zusammenhang mit Stärken, Schwächen, Chancen und Risiken für die nächsten Entscheidungen zu berücksichtigen?
8. Welche grundsätzlichen Entscheidungen werden aufgrund der Phasen Status und Trends für Märkte, Produkte und Kunden getroffen?
9. Welche Marktziele werden vereinbart?
10. Welche Produktziele werden vereinbart?
11. Welche Kundenziele werden vereinbart?
12. Welche Maßnahmen sind für die Erreichung der Ziele im Bereich Markt, Kunden und Produkte erforderlich?
13. Welche Budgetmittel sind für die Erreichung der Ziele erforderlich?

5.2. Die wichtigsten Tabellen für den Marketingplan

Tabellen sind aus dem Marketingplan nicht mehr wegzudenken. In die Marketingwelt haben die Tabellen durch die Tabellenkalkulationsprogramme, wie zum Beispiel Excel, Eingang gefunden.

Diese Tabellen sind in zweifacher Hinsicht sehr wichtig:

Erstens ist damit die Möglichkeit gegeben, die Erstellung des Marketingplanes sehr effizient zu gestalten. Einerseits, was den Planungsprozeß und die Hochrechnungen anbelangt, andererseits betrifft das die Erstellung des Dokumentes und der Präsentationsunterlagen an sich.

Zweitens ist die Tabelle auch ein Instrument für die Strukturierung von Marketingproblemen. Eine Darstellungsform, die auch Nicht-Marketingspezialisten zugänglich ist. Die Darstellung in Form einer Tabelle führt zwangsläufig zu einer ziffernmäßigen Darstellung des Marketingproblems. Damit werden Entscheidungsabläufe und -ergebnisse transparent und können durch andere Teammitglieder überprüft werden.

Die wichtigsten Tabellen, die in einem Marketingplan nicht fehlen sollten, finden Sie auf den nächsten Seiten. Details dazu finden Sie im Musterbeispiel sowie in den einzelnen Fallstudien.

Tabellen für den Strukturbereich Markt

- Marktvolumen
- Marktentwicklung
- Erfolgsfaktoren
- TOP 10 Mitbewerber/Marktanteile

Tabellen für den Strukturbereich Kunden

- Kundenstruktur
- Kundenkontakte

Tabellen für den Strukturbereich Strategie

- Produktziele (Umsatz, Deckungsbeitrag, Absatz)
- Kundenziele (Umsatz, Deckungsbeitrag, Absatz)
- Kontaktziele
- Kundenzufriedenheitsziele
- Maßnahmen
- Budgetziele

Beispiele für die einzelnen Tabellen finden Sie im Abschnitt 2.4. Musterbeispiel sowie im dritten Kapitel Fallbeispiele für die Praxis (Hotel, Computerhandel und Bankfiliale).

5.3. Das Marketingwörterbuch, die wichtigsten Begriffe für die Praxis

Dieses Wörterbuch sollten Sie in Ihrem Unternehmen verwenden. Die Begriffe ändern Sie entsprechend Ihren Bedürfnissen. Damit stellen Sie eine einheitliche Verwendung der Marketinginstrumente im ganzen Unternehmen sicher. Auch das ist ein wichtiger Bestandteil der Marketingkommunikation. Marketing nach innen. Damit alle vom Gleichen reden, wenn von Umsatz, Absatz oder Marktvolumen gesprochen wird. Der Regelfall ist das heute in der Praxis nicht.

Die Nachteile verursachen Kommunikationsprobleme und damit Kosten in der Organisation.

Der EDV-Bereich pflegt die Vereinheitlichungen von Konventionen und Begriffen schon lange. Das Data-Dictionary gehört zum Standardwerkzeug. Da im Marketingbereich heute die EDV nicht mehr wegzudenken ist, legen Sie mit diesem Wörterbuch gleich den Grundstein für die Standardisierung der EDV-Statistiken in Ihrem Unternehmen. Der mühsame Abgleich von Listen, das Übertragen von Daten in andere Formate etc. entfällt. Sie werden sehen, wie positiv sich dieses Instrument für die Effizienz Ihres Planungsprozesses auswirkt.

ABC-Kundenanalyse:

Die gängigste Methode die Kundenstruktur eines Unternehmens abzubilden ist die ABC-Kundenanalyse.

Absatzgebiet:

Einteilung der Verkaufsgebiete nach regionalen bzw. geografischen Strukturen.

Absatzvolumen:

Als Absatz- (Menge) oder Umsatzvolumen (Wert) wird jene Größe bezeichnet, die ein Unternehmen in einem Markt abgesetzt hat.

Abschlußquote:

Durch die Analyse von Kontaktergebnissen können die Abschlüsse eines Außendienstmitarbeiters z.B. auf der Basis der kontaktierten Interessenten dargestellt werden.

Akquisition:

Die Akquisition ist das Herzstück der Marketing- und Vertriebstätigkeit. In diesem Bereich treffen sich Angebot und Nachfrage, kommunizieren Käufer und Verkäufer. Die Akquisition ist die direkte Umsetzung der Ziele und der geplanten Aktionen.

Akquisitionsprozesse:

Akquisitionsprozesse sind z.B. Klassische Kommunikation, Direkt-Kommunikation, Selektionsprozeß, Verkaufsprozeß, Kundenbetreuung und Kundenbindung.

Aktivitäten:

Aktivitäten sind Marketing- und Vertriebsmaßnahmen mit dem Ziel, Verkaufsabschlüsse zu erzielen oder neue Kunden zu gewinnen etc.

Außendienstbesuch:

Der Außendienstbesuch ist das kostenintensivste und wichtigste Akquisitionsintrument. Auf Basis der ABC-Kundenanalyse wird eine Besuchshäufigkeit je Kundenklasse festgelegt.

Bedarfsanalyse/Braintrust:

Die Bedarfsanalyse steht am Beginn der Basisprozesse eines Unternehmens.

Bedarfsstrukturen:

Kunden mit ähnlichen Bedarfsstrukturen werden zu Zielgruppen zusammengefaßt.

Bedarfszyklen:

Beim Datenbankmarketing geht es um die Selektion von Kundengruppen u.a. nach Bedarfszyklen, d.h. nach dem Bestellrhythmus.

Besuchshäufigkeit:

Auf der Basis der ABC-Kundenanalyse wird die Besuchshäufigkeit je Kundenklasse festgelegt (Plankontakt je Kunde pro Kundenklasse).

Besuchskapazität:

Die durchschnittliche Besuchskapazität eines Außendienst-Mitarbeiters ergibt mit der Anzahl der Tage pro Periode die Besuchskapazität pro Außendienstmitarbeiter.

Budgetkennzahl:

Im Rahmen des CYBERBAR Marketingplans werden verschiedene Kennzahlen verwendet, z.B. Marketingbudget in Prozent zum Gesamtumsatz.

CYBERBAR-Methode:

Die CYBERBAR-Methode ermöglicht dem Anwender die unmittelbare Umsetzung von theoretischen Grundlagen in die Praxis.

Daten:

Alle Informationen, die für die Entwicklung des Marketingplanes erforderlich sind. Festzulegen sind die Datenquellen, aus denen die Informationen stammen.

Direct-mail:

Direct-mail ist neben dem Telefonkontakt und dem Besuchskontakt eine klassische Kontaktart. Briefliche Kontakte sind kostengünstiger als Besuchskontakte. Diese werden daher für die Selektion der Interessenten eingesetzt. Die Steuerung der Direct-mail-Kontakte erfordert in der Praxis den Einsatz von Kundendatenbanken für die Auswertung der Kontaktergebnisse.

Erfolgsfaktoren:

Erfolgsfaktoren sind Anforderungen des Marktes oder der Kunden, die an die Leistungsfähigkeit eines Unternehmens zur Erfüllung eines Bedarfes gestellt werden.

Euro Account Management:

Während Großkunden nur innerhalb eines Staates tätig sind, werden Euro Accounts über mehrere Staaten hinweg tätig.

Fakten:

Schlußfolgerungen aufgrund der Datenanalyse im Rahmen der Entwicklung des Marketingplanes. Entscheidungsrelevante Fakten bilden die Grundlage für die Festlegung der Ziele und Maßnahmen.

Großkunden:

Großkunden oder Key Account Kunden haben einen hohen Anteil am gesamten Umsatz des Unternehmens.

Innovationen:

Innovationen auf dem Gebiet der Hochtechnologie eröffnen immer neue Möglichkeiten für Marketing und Vertrieb. Bei der Erstellung von Strategien sind daher Innovationen von Mitbewerbern besonders zu berücksichtigen.

Interessenten:

Ein potentieller Kunde, der sich für Ihr Produkt interessiert. Die wichtigsten Kundenarten sind: Kalte Adressen, Interessenten, Top Interessenten, Kunden und Stammkunden.

Kaufverhalten:

Motive, Beweggründe über die Verwendung und den Kauf der eigenen Produkte müssen ständig überprüft und beobachtet werden.

Kaufzyklen:

Die Analyse der Kundenumsätze und Kaufzyklen etc. kann mit Hilfe von Kundendatenbanken durchgeführt werden.

Kennzahlen:

Kennzahlen stellen eine Relation zwischen zwei Datenwerten dar, z.B. Umsatz des laufenden Jahres in Prozent zum Budget.

Kontakt-Mix:

Ein effizienter Kontakt-Mix, d.h. die Integration von Direct-mail-, Telefon- und Außendienstkontakten, führt zu Kostensenkungen und höheren Erfolgschancen.

Kontaktarten:

Die wichtigsten Kontaktarten sind: Direct-mail, Telefon und der Außendienstbesuch. In Zukunft werden E-Mail- und Onlinekontakte für die Marketingkommunikation an Bedeutung zunehmen.

Kontaktergebnis:

Zentraler Ausgangspunkt für die Erfassung des Response sind die Kontaktergebnisse. Diese werden mit Hilfe von Kundendatenbanken und Außendienststeuerungssystemen (Lap Top, Home Office etc.) ermittelt.

Kontakthäufigkeit:

Im Kontaktplan wird aufgrund der Kundenbedeutung und Kundengröße Kontaktmix und Kontakthäufigkeit für die optimale Betreuung des Kunden festgelegt. Mit der Kontakthäufigkeit wird festgelegt, wie oft, mit welcher Kontaktart ein Kunde kontaktiert wird.

Kontaktkennzahlen:

Kontaktkennzahlen (Abschlußquote, TOP-Interessentenquote) helfen bei der Steuerung der Kontaktergebnisse.

Kontaktkosten:

Kostengünstigere Kontaktarten (wie Direct-mail) sollten kostenintensivere Arten wie den Außendienstbesuch ergänzen bzw. substituieren.

Kontaktplan:

Im Kontaktplan werden alle geplanten Kontakte je Kontaktart und je Kundenart sowie Kundentyp zusammengefaßt.

Kontaktstatistik:

Grundlage für die Kontaktstatistik ist der Kundenkontaktplan. In der Kontaktstatistik wird eine Abweichungsanalyse zwischen geplanten und tatsächlich durchgeführten Kontakten dargestellt.

Kontaktsteuerung:

Im Rahmen der Kontaktsteuerung wird der Einsatz der Marketing- und Vertriebsressourcen auf der Grundlage von festgelegten Kontaktzielen durchgeführt (z.B. die Rücklaufquote eines Direct-mails).

Kontaktstrategie:

Im Rahmen der Kontaktstrategie wird für eine bestimmte Kundengruppe (Kundentypen, Kundenarten) festgelegt, wie häufig und in welcher Form die Kontaktaufnahme erfolgt.

Kontaktziel:

Kontaktziele können sein: Direkter Verkauf, Information, Beratung, Terminvereinbarung etc.

Kundenarten:

Die wichtigsten Kundenarten sind: Kalte Adressen, Interessenten, TOP-Interessenten, Kunden und Stammkunden.

Kundenbesuch:

Die wichtigsten Akquisitionsinstrumente sind das Direct-mail, das Telefongespräch und der direkte Kundenbesuch.

Kundenbeziehungen:

Das komplexe Gebiet der Kundenbeziehung umfaßt die Bereiche Kundenforschung, Kundenkontakte und Kundenbindung.

Kundenbindung:

Die Steuerung der Kundenbindung gewinnt an Bedeutung. Kundenbindung ist die Intensivierung der Beziehung mit dem Kunden, dazu gehören auch Kundenbindungsprogramme und Kundenveranstaltungen.

Kundendatenbank:

In einer Kundendatenbank laufen alle elektronischen Fäden des modernen Kundenmanagements zusammen.

Kundenforschung:

Im Rahmen der Kundenforschung sollte kontinuierlich die Zufriedenheit der Kunden über die Produkte und Leistungen des Unternehmens gemessen und verfolgt werden.

Kundenklasse:

Kundenklassen werden auf Basis der ABC-Kundenanalyse festgelegt. Die Festlegung erfolgt zum Beispiel nach Umsatz.

Kundenkontakte:

Die erste Ebene für den Aufbau der Kontaktsteuerung ist die Bezugnahme auf die Anzahl der Kundenkontakte. Kundenkontakte sind: Direct-mail-Kontakt, Besuchskontakt, Telefonkontakt etc. (vergleichen Sie dazu auch Kundenkontaktplan).

Kundenkontaktplan:

Im Kundenkontaktplan werden die Plankontakte der Kontaktarten je Kunde geplant.

Kundenkontaktstrategie:

Im Rahmen der Kundenkontaktstrategie wird festgelegt, welche Kunden mit welchen Kontaktarten in welcher Häufigkeit angesprochen werden.

Kundenkonzentration:

Die Kundenkonzentration liefert bei der ABC-Kundenanalyse wichtige Anhaltspunkte für die Positionierung des Unternehmens sowie für die Bearbeitung der Kunden.

Kundenperspektiven

Im Rahmen der Kundenperspektiven wird festgelegt, wie die Kundenstruktur eines Unternehmens in drei Jahren aussehen soll.

Kundenplan:

Im Kundenplan sollte eine Planung der Vertriebsziele je Kunde erfolgen.

Kundenpotentiale:

Für die Einschätzung des Kundenpotentials kann als einfacher Indikator der Lieferanteil Ihres eigenen Unternehmens angesetzt werden.

Kundenstruktur:

Um die Kundenstruktur eines Unternehmens darzustellen, wird meist die ABC-Kundenanalyse verwendet.

Kundenstrukturanalyse:

Im Rahmen der Kundenstrukturanalyse wird eine ABC-Kundenanalyse sowie ein Kundenportfolio durchgeführt. Zusätzlich wird die Struktur der Kunden nach Kundenarten und Kundentypen untersucht.

Kundentrends:

Im Rahmen der Kundentrends werden Veränderungen der Kundenstruktur eines Unternehmens sowie die Veränderungen im Kaufverhalten der Kunden behandelt.

Kundentypen:

Kundentypen können sein: Privatkunden, Firmenkunden, Fachhändler etc.

Kundenziele:

Geplant werden Zieldimensionen wie z.B. Umsatz, Deckungsbeitrag. Absatz. In Zukunft werden vermehrt Servicequalitätsziele für die Steuerung der Kundenbeziehungen eingesetzt.

Kundenzufriedenheit:

Die Kundenzufriedenheit wird im Rahmen von Servicequalitätsprogrammen gemessen. Üblicherweise wird eine Skala zwischen 1 und 5 verwendet. Die Messung der Kundenzufriedenheit sollte genauso wie die Steuerung der Umsatz- und Deckungsbeitrags-Ziele durchgeführt werden.

Marketingbericht:

Der Marketingbericht enthält Informationen über wesentliche Aktivitäten (z.B. Entwicklung einer Neueinführung) und Budgetabweichungen. Versuchen Sie in der Praxis folgendes Prinzip einzuhalten: Ein Marketingbericht darf nicht länger als eine Seite sein!

Marketingbudget:

Das Marketingbudget ist ein Bestandteil des CYBERBAR Marketingplanes und enthält z.B. die Positionen Kundenforschung, Direktmarketing etc. Die Errechnung einer Budgetkennzahl (z.B. Marketingbudget in Prozent zum Umsatz) erlaubt eine rasche Beurteilung über die Höhe des geplanten Marketingbudgets.

Marketingcontrolling:

Beim Marketingcontrolling werden z.B. Kosten eines Direct-mails überprüft. Dazu gehören auch die traditionellen Statistiken im Marketingbereich.

Marketingplan:

Der Marketingplan ist ein Instrument im Rahmen der Bedarfsanalyse/Braintrust. Im CYBERBAR Marketingplan werden die Ergebnisse der Strukturbereiche Markt, Kunden und Strategie zusammengefaßt.

Marketingstatistik:

Zu den Marketingstatistiken gehören nach wie vor Soll-/Ist-Abweichungsanalysen, Deckungsbeitragsanalysen etc.

Marketingwörterbuch:

Enthält die wichtigsten Marketingbegriffe, die in Ihrem Unternehmen verwendet werden. Die Festlegung der Begriffe ist die Grundlage für die Kommunikation und die Erstellung von DV-gestützten Marketinginformationssystemen.

Marktanalyse:

Die Analyse des Marktes bezieht sich auf das Umfeld des Unternehmens, d.h die Marktstrukturen und die Marktentwicklung. In welchem Bereich ist das eigene Unternehmen tätig bzw. will es tätig sein? Zusätzlich werden Trends und Mitbewerbsanalysen durchgeführt.

Marktanteil:

Der Marktanteil ist z.B. das Absatzvolumen auf der Basis des gesamten Marktvolumens in Prozent (Marktanteil in Mengeneinheiten).

Marktdurchdringung:

Die Marktdurchdringung des Unternehmens ist eine Kenngröße, die Ausdruck darüber gibt, wie weit das Unternehmen in eine bestimmte Zielgruppe vorgedrungen ist.

Marktdynamik:

Unter dem Gesichtspunkt der Marktdynamik wird das Umfeld, in dem sich das Unternehmen bewegt, dargestellt und analysiert. Systematisch werden die Bereiche Marktstruktur, Trends untersucht.

Marktentwicklung:

Im Rahmen der Marktentwicklung werden die einzelnen Marktgrößen in die Zukunft fortgeschrieben, d.h., es erfolgt eine mehrjährige Betrachtung von z.B. Produkt- oder Marktsegmenten.

Marktforschung:

Im Bereich der Marktforschung werden Marktpotentiale, Marktvolumen etc. bestimmt, aber auch Kaufverhaltensstudien durchgeführt.

Marktperspektiven:

Im Rahmen der Marktperspektiven werden die geschätzten Marktstrukturen für einen Zeitraum von drei Jahren dargestellt.

Marktpotential:

Mit dem Marktpotential wird das theoretisch erreichbare Marktvolumen (Wert oder Menge) dargestellt, z.B. ist das Marktpotential für Farbfernsehgeräte die Anzahl der Haushalte mit einem bestimmten Mindesteinkommen in einem relevanten Marktgebiet. Vergleichen Sie hierzu auch Marktvolumen.

Marktsättigung:

Marktsättigung bedeutet, daß das Marktvolumen das Marktpotential erreicht hat. Eine Marktsättigung wird meist durch einen starken Verdrängungswettbewerb begleitet.

Marktsegment:

Die Segmentierung des Marktes erfolgt in der Praxis nach Produkten, Zielgruppen und Absatzgebieten.

Marktstruktur:

Im Bereich der Marktstrukturen werden Marktpotential, Umsatz- und Marktvolumen behandelt. Die Abbildung der Marktstruktur ist eine statische Momentaufnahme. Veränderungen werden im Bereich der Marktentwicklung berücksichtigt. Marktstrukturen können auch durch technologische Veränderungen, z.B. durch rasante Produktivitätssteigerungen im Produktionsbereich, verändert werden.

Markttrends:

Darstellung der Veränderungen der Marktgrößen (Marktpotential, Marktvolumen etc.). Ebenso werden Verhaltensveränderungen der Zielgruppen und der Mitbewerber erfaßt.

Marktvolumen:

Das Marktvolumen ist jene Größe, die durch den Umsatz bzw. Absatz aller relevanten Anbieter (d.h. eigenes Unternehmen und alle Mitbewerber) erreicht wird. Es kann wertmäßig, d.h. Summe aller Umsätze, oder mengenmäßig, d.h. Summe aller Absätze in Tonnen oder Stück, dargestellt werden.

Marktwachstum:

Das Marktwachstum zeigt die Entwicklung des Marktvolumens in Prozent.

Maßnahmen:

Zu den Maßnahmen des Marketingplanes gehören die Strategic Milestones und die Aktivitäten (Marketing- und Vertriebsaktionen). Die Maßnahmen sind für die Zielerreichung erforderlich.

Mission:

Die Mission beschreibt den Zweck einer Unternehmensexistenz. Meistens wird die Mission im Leitbild eines Unternehmens dargestellt.

Mitbewerb:

Der Bereich Mitbewerb wird im Rahmen der Marktdynamik behandelt (Mitbewerbsportfolio, Marktanteile etc.). Die Erstellung von Mitbewerbsdatenbanken werden sukzessive in das Repertoire der Marketingstrategen aufgenommen.

Mitbewerbsanalyse:

Für die Beurteilung der Mitbewerbssituation sind eine Reihe an Informationen erforderlich: Mitbewerbsstruktur, Stärken-/Schwächenanalyse, Marktanteil etc.

Mitbewerbsstruktur:

Ein wichtiger Faktor für die Darstellung der Mitbewerbsstruktur ist die Anzahl von Mitbewerbern, die in einem Markt aktiv sind.

Motive:

Motive (Beweggründe) über die Verwendung und den Kauf der eigenen Produkte müssen ständig überprüft und beobachtet werden.

Neukunden:

Neukunden ist eine Kundenart. Neukunden sind jene Kunden, die für das Unternehmen gerade gewonnen wurden oder erst seit einem kurzen Zeitintervall Kunden sind (1. Kaufabschluß).

Neukundenakquisition:

Durch den abgestimmten Einsatz von speziellen Akquisitionsinstrumenten (Briefakquisition, Außendienstbesuch etc.) können neue Kunden gewonnen werden.

Planungsprozeß:

Die Strukturelemente Vertrieb, Marketing, Service, Meetingstruktur und Planungsinstrumente sind im Planungsprozeß miteinander vernetzt.

Positionierung:

Die Positionierung, die ein Unternehmen einnehmen will, hängt letztlich von den Strukturbereichen Markt, Kunden und Strategie ab. Mögliche Positionierungen können sein: Marktleader durch Produktinnovation, Kostenführerschaft, Qualitätshersteller, Marktführer (Marktanteil) in Teilsegmenten. Die Positionierung sollte jedes Jahr im Rahmen der Marketingplanung überprüft werden.

Produktanalyse:

Im Rahmen der Produktanalyse werden z.B. Deckungsbeitragsentwicklungen, Umsatzentwicklungen, Absatzentwicklungen, Kostenentwicklungen etc. dargestellt. Die Produktanalyse gehört zum traditionellen Analyseinstrument des Produktmanagers.

Produktdatenbank:

In einer Produktdatenbank werden alle Informationen (Kriterien) von eigenen und Mitbewerbsprodukten festgehalten. Je umfassender die verfügbare Information, desto höher die Qualität der Entscheidungsgrundlage. Produktdatenbanken in Excel sind eine hervorragende Basis.

Produktgruppen:

Produktgruppen sind eine bestimmte Ebene der Produkthierarchie (beim Datenbankdesign). Die Gruppierung erfolgt nach verschiedenen Kriterien. Sofern in Ihren Märkten branchenübliche Standards verfügbar sind, ist es empfehlenswert, diese auch für den Aufau der eigenen Produktgruppen zu verwenden.

Produktplan:

Die Struktur des Produktplanes ist der des Marketingplanes angepaßt. Beim Produktplan werden die Planungsziele aus der Sicht des Produkt- bzw. Marketingmanagers festgelegt. Der Produktplan ist ein Teilbereich eines Marketingplanes.

Produktsegment:

Entscheidend ist eine Abstimmung der Produktsegmente, die für die Darstellung des Marktes verwendet werden mit denjenigen, die der Artikelstruktur im eigenen Unternehmen zugrunde liegen.

Produktsegmentierung:

Mit der Festlegung der Produktsegmente erfolgt die Strukturierung des Produktprogrammes eines Unternehmens. Durch eingehende

Produktsegmentierung und Produktanalyse können Datenfelder effektiver verwendet werden.

Produktsegmentierung, anlaßorientierte:

Darstellung des Marktes nach Produktsegmenten, zum Beispiel Fertigsuppenmarkt (Trockensuppen, Tiefkühlsuppen etc.).

Produktziele:

Produktziele sind für den Aufbau ein Marketingplanes zu definieren: z.B. Umsatzziele, Mengenziele etc.

Relevanter Markt:

Ansatzpunkte für die Festlegung des relevanten Marktes sind z.B. die Branche, in der das Unternehmen tätig ist, Produktbereiche oder Teilsegmente, geografische Absatzgebiete oder Spezialisierungen auf bestimmte Zielgruppen.

Response:

Der Response ist der dritte grundlegende Unternehmensprozeß. Response kann auch die Reaktion eines Kunden auf eine bestimmte Aktivität sein: z.B. Direct-mail-Rückantwort.

Rücklaufquote:

Die Rücklaufquote ist die Anzahl der Rückantworten auf der Basis der gesamten Direct-mail-Kontakte in Prozent. Aktivitäten sollten dort gesetzt werden, wo in die Qualität der Kundenbeziehung investiert wird. Dabei kommt es zu geringeren Kosten und höheren Rücklaufquoten.

Service-Marketingplan:

Im Service-Marketingplan werden auch die Serviceprozesse für die Interaktion zwischen Mitarbeiter und Kunde dargestellt.

Strategic Milestones:

Strategic Milestones sind Unternehmensentscheidungen mit weitreichenden Auswirkungen. Für die Umsetzung sind Etappenziele, z.B. Gründung einer Niederlassung, sinnvoll.

Strategie:

Im Rahmen der CYBERBAR-Methode werden bei der Strategie Strategic Milestones, Positionierung, Ziele, Maßnahmen behandelt. Strategie ist ein permanenter Prozeß im Kräftefeld der Marktdynamik und der Kundenbeziehung.

Strategietrends:

Analyse der Trends für die Unternehmensentwicklung im internen Bereich. Grundlagen sind die Markt- und Kundenanalysen.

Strategieperspketiven:

Wo wollen wir in drei Jahren sein? - Unternehmensperspektiven für die Festlegung der Ziele und Maßnahmen im Planungsprozeß.

Strategiestatus:

Analyse der Stärken, Schwächen, Chancen und Risiken des Unternehmens.

Strategische Position:

Darstellung der Vision/Mission und der strategischen Unternehmenspositionierung. Die Positionierung ergibt sich im Wechselspiel zwischen Marktdynamik und Kundenbeziehungen.

Strategische Produktanalyse:

Analyse eines Produktes im Markt- und Mitbewerbsumfeld.

Strategischer Marketingplan:

In der CYBERBAR-Methode werden die Ergebnisse von Marktdynamik, Kundenbeziehung und Strategie für die Entwicklung des strategischen Marketingplanes zusammengefaßt.

Technologietrends:

Die Lebenszyklen von Produkten werden durch die Anwendung von Hochtechnologie in der Entwicklung, Produktion und im Produkt selbst immer kürzer.

Telefonkontakte:

Der Telefonkontakt ist eine Kontaktart. Wichtig für die Kontaktsteuerung sind u.a. Besuchskontakte, Telefonkontakte etc.

Trends:

Für die Entwicklung des Marketingplanes sind Markttrends, Kundentrends und die Trends im eigenen Unternehmen wichtig.

Umsatzvolumen:

Als Umsatzvolumen (Wert) bzw. Absatzvolumen (Menge) wird jene Größe bezeichnet, die ein Unternehmen in einem Markt abgesetzt hat. Vergleichen Sie hierzu die Begriffe Marktvolumen und Marktpotential.

Verkaufsprozeß:

Verkaufsprozeß ist eine Phase des Akquisitionsprozesses. Er ist die „heiße Phase", d.h. der Verkaufsabschluß in der Akquisition.

Vision:

Vision/Mission wird im Rahmen der Strategie (Positionierung) festgelegt. Gute Visionen haben einen stark motivierenden Charakter und sind in den letzten Jahren immer mehr in den Vordergrund gerückt.

Ziele:

Für die Entwicklung des Marketingplanes sind folgende Ziele zu erstellen: Marktziele, Marktanteilsziele, Absatzgebietsziele, Produktziele, Kundenziele, Kontaktziele, Kundenzufriedenheitsziele, Marketingbudgetziele.

Zielgruppe(n):

In einer Zielgruppe werden Personen oder Unternehmen mit einer ähnlichen Bedarfsstruktur zusammengefaßt. Die Auswahl der richtigen Zielgruppe und die Pflege der Adressen sind immer noch Voraussetzung für eine erfolgreiche Direct-mail-Aktion.

6. Ihr Marketingplan auf dem Superhighway - Online Support

Der Weg ist das Ziel. Selbstverständlich sollten Sie bei der Entwicklung des Marketingplanes für Ihr Unternehmen die Besonderheiten Ihres Marktes und Ihrer Kundenstruktur berücksichtigen. Vieles müssen Sie aber nicht neu erfinden.

Die Hilfsmittel, die in diesem Buch für die praktische Entwicklung des Marketingplanes verwendet wurden, sind elektronisch für Ihr Microsoft Office verfügbar. Wenn Sie diese Werkzeuge verwenden, dann können Sie sich viel Zeit ersparen:

Marketingtabellen für Excel

In dieser Excel-Arbeitsmappe finden Sie alle Tabellen, die Sie für die Dokumentation des Marketingplanes benötigen.

Das elektronische Marketingwörterbuch

Das Wörterbuch ist als Excel-Datenbank verfügbar. Hinterlegte Notizfelder ermöglichen Ihnen mit Hilfe der Suchfunktionen die Erstellung des Marketingwörterbuches für Ihr Unternehmen. Damit schaffen Sie Klarheit für alle Beteiligten im Marketingplanungsprozeß.

Winword-Checklisten für die Entwicklung Ihres Marketingplanes

Damit die Qualitätssicherung bereits bei der Erfassung der Daten beginnt, können Sie die Checklisten als Projektsteuerungsinstrument im Planungsprozeß einsetzen. Die wichtigsten Fragen der einzelnen Kapitel gibt es als Winword-Dokument.

Ihre Access Kundendatenbank als Shareware

Wenn Sie Direct-mail-Aktionen nicht nur planen, sondern auch umsetzen wollen, dann können Sie die **Shareware CYBERBAR Mar-**

keting Office Extra light direkt über die CYBERBAR Homepage beziehen.

Online Consulting

Wenn Sie fachliche Unterstützungen für knifflige Problemstellungen benötigen, dann stehen wir Ihnen mit elektronischen Beratungsleistungen zur Verfügung. Online Consulting arbeitet nach der Methode japanischer Erfolgsstrategien:

besser - schneller - effizienter!

... see you online!

Alle diese Hilfsmittel (neudeutsch: Tools) erhalten Sie in der BAR (Braintrust - Activities - Response) im Cyberspace:

http://www.cyberbar.co.at/cyberbar/

oder senden Sie uns ein E-mail:

cyberbar@msn.com

See you online.

K

M